玩转职场的

10条
社交策略

刘汉 ——— 编著

中国华侨出版社
·北京·

图书在版编目 (CIP) 数据

玩转职场的 10 条社交策略 / 刘汉编著 . —北京：
中国华侨出版社 , 2010. 12（2025. 4 重印）
ISBN 978-7-5113-1077-4

Ⅰ . ①玩… Ⅱ . ①刘… Ⅲ . ①人间交往—通俗读物
Ⅳ . ① C912.1-49

中国版本图书馆 CIP 数据核字（2010）第 248146 号

玩转职场的 10 条社交策略

编　　著：刘　汉
责任编辑：唐崇杰
封面设计：周　飞
经　　销：新华书店
开　　本：710 mm×1000 mm　1/16 开　　印张：12　字数：137 千字
印　　刷：三河市富华印刷包装有限公司
版　　次：2010 年 12 月第 1 版
印　　次：2025 年 4 月第 2 次印刷
书　　号：ISBN 978-7-5113-1077-4
定　　价：49.80 元

中国华侨出版社　北京市朝阳区西坝河东里 77 号楼底商 5 号　邮编：100028
发 行 部：（010）64443051　　　　　传　真：（010）64439708

如果发现印装质量问题，影响阅读，请与印刷厂联系调换。

前　言

　　随着社会的进步和文明的发展，人们的社会交往日益频繁。人际关系作为工作或事业上的纽带和桥梁，显得更加重要。

　　从工作角度讲，现代社会分工越来越精细，几乎没有人可以脱离他人而独立完成一件事。既然一个人要不可避免地与他人产生关联，夹杂在各种各样的人际关系中，那么社交就变得异乎寻常的重要。正如励志大师卡耐基说："一个人成功的因素，归纳起来15％得益于他的专业知识，85％得益于良好的社交能力。"

　　近年来，职场生存越来越困难，晋升渠道越来越狭窄。职场人面对如此严峻而复杂的生存环境，要怎样才能获得自己向往的工作？怎样才能在职场中生存？怎样才能顺利晋升？怎样才能摆脱职场的人际纷争？怎样才能顶住巨大的压力，快乐而积极地工作……

　　想要在职场中胜出，除了必要的工作能力之外，更需要的是社交策略。职场上的竞争表面上我看是能力、职位、业绩、关系的竞争，实质上却是员工社交范围的竞争。很多的现代管理者越来越重视职场人的社交能力。

　　一个人事业的成功，80％归因于社交策略，对于自身专业知识的需要往往是常识性的。因此，作为职场中人，假如你想要在这个社会中游刃有

余、八面玲珑，撑起属于自己的一片天的话，善于交际的能力就成为你的
必需。

    本书为职场新人简述职场上的社交策略，详尽而生动地阐述了与不同
群体交往的社交技巧，指出职场人在社交中的误区。语言精练、叙述生动、
案例丰富、条分缕析，对刚刚进入社会的青年人具有非常重要的指导意义。

目 录

第三章

利用印象效应的手段
—— 初次见面把握印象分值

第四章

解决社交风险的软招
—— 在无声处听惊雷

第五章　跨越社交陷阱的计策
——解决人际关系的难题

第八章

恩威并重的管理法宝
——与下属相处应张弛有道

第九章　同事间的相处原则
——与同事的关系当以和为贵

第十章　办公室社交潜规则
——掌握人际关系的分寸

第一章

职场社交策略的基础

——言行低调维护人际关系

言行低调的人并不是与世隔绝，而是在社会交往中保持了一个真实的自我，他们不矫揉造作，他们不惺惺作态，这使他们在这个充满诱惑的世界上不至于迷失自我，易于被人接受。

不让别人看到自己的优势

　　一个不够成熟的人总希望让别人看到自己的优势，仿佛只有他才是这个世界的核心。其实，细究起来这种人并不一定真正有才干。所谓真人不露相，露相非真人正是这个道理。退一步说即使你有才干，轻易让自己暴露于众人面前，就等于树立了一个靶子，让别人打。这种傻事决不是聪明人干得出来的。我们为人处世应该学会"攻"与"守"的道理，在不到"攻"的时候只需做好"守"就可以了。时机一旦成熟就要反"守"为"攻"，这样才不负自己的才华。

　　柯立芝在爱莫斯特大学的最后一年，美国历史学会曾授予他一枚金质奖章。在当时，这是一个被无数人看重的荣誉，可他却没有对任何人说起过这件事，甚至自己的父亲也不例外。直到他毕业并工作之后，他的上司——诺坦普顿的法官菲尔德才无意中在《斯普林共和杂志》上看到了对这一事情的报道。那时，距柯立芝领取这一奖章已有六周了。从佛蒙特州的村庄到白宫，柯立芝在他一生的事业中都以这种真诚的谦逊闻名于世。

　　当他竞选麻省州议员时，在选举即将进行的前夜，他忽然无意中听到了州议会议长的职位正虚位以待的消息。于是，柯立芝拎着他那"又小又黑的手提袋"，大踏步地赶往诺坦普顿的车站。两天以后，当他从波士顿回来时，手提袋里已经装有大多数州议员亲笔签名推举他为议长的联名信。就这样，柯立芝顺利地出任麻省州议会议长，从而迈开了自己走向政坛的第一步。

这位以谦逊著称的人，在人生关键时刻以迅雷不及掩耳之势主动出击，当仁不让地拿走了他应得的东西。如果不是他平时的谦逊，估计不会有多少人支持他当选州议长。

另一位以谦逊著称的人——"石城"杰克逊是美国南北战争时期南方联盟的一员猛将，他和李将军一同被人们推崇为世界上最伟大的军人。

托马斯·杰克逊似乎具有一种"天生的谦逊"。在西点军校时，他就以谦逊著称。在墨西哥战争中，总司令斯科特将军曾对他的英勇善战给予了公开的盛情称赞，但杰克逊后来从未提及此事，甚至在他的至亲好友面前都只字不提。直到他弥留之际，他还是坚持认为"石城"这一美誉不应当仅仅属于他个人，而应归他所率领的整个部队共同享有。

铁路建筑专家哈里曼也一贯都是这样的谦逊。他的一个很要好的老朋友甚至在他取得了自己事业上最辉煌的几次成功之后，还一直以为他不过是几百个有点成就的经纪人之一，因为哈里曼从未炫耀过自己的成就。直到后来，他的这位老朋友才无意中从别人那里了解到真实的情形。

真正伟大的人物，一般都能在他们身上看到这种似曾相识的谦逊。

收敛自己的言行

一个人的言行会从本质上反映这个人的思想状态、道德修养、人生态度。谦逊的人言行亦平和温雅，狂傲的人言行亦骄横无礼。低调做人，保持言行上的谦和文雅才能为自己营造出温馨的生存空间和融洽的人际关系。如果一个人在生活中总是趾高气扬，指手画脚，即使不是出自真心地想要如此，也会招来众人的非议和排斥。

汉元光五年，信奉儒家学说的汉武帝征召天下有才能的读书人，年已 70 多岁的川人公孙弘的策文被汉武帝欣赏，提名为对策第一。汉武帝刚即位时也曾征召贤良文学士，那时公孙弘才 60 岁，以贤良征为博士。后来，他奉命出使匈奴，回来向汉武帝汇报情况，因与皇上意见不合，并在朝堂上起争执，引起皇上发怒，他只好称病回归故乡。这次他荣幸地获得对策第一，重新进入京都大门，就决定要吸取上次的教训，凡事必须保持低调。

从此，公孙弘上朝，从来没有发生过与皇上当庭分争的事情。汉武帝认为他谨慎淳厚，又熟习文法和官场事务，一年不到，就提拔他为左内史。

有一次，公孙弘因事上朝奏报，他的意见和主爵都尉汲黯一致，两人商量好要坚持共同的主张。谁知当汉武帝升殿，邀集群臣议论时，公孙弘竟为迎合圣意放弃自己先前的主张，提出由皇上自己拿主意。汲黯顿时十分恼怒，当庭责问公孙弘说："我听说齐国人大多狡诈而无情义，你开始时与我持一致意见，现在却背弃刚才的意见，岂不是太不忠诚了吗？"汉武帝问公孙弘说："你有没有食言？"公孙弘谢罪说："如果了解臣的为人，便会说臣忠诚；如果不了解臣的为人，便会说臣不忠诚！"汉武帝见他回答如此机巧而妥当十分满意。从那以后，左右幸臣每次诋毁公孙弘，皇上都宽厚地为他开脱，并在几年后提拔他为御史大夫。

公孙弘在皇上眼中是个谨慎淳厚的臣子，但有些大臣却认为他是个伪君子。有一次，主爵都尉汲黯听说公孙弘生活节俭，晚上睡觉盖的是布被，便入宫向汉武帝进言说："公孙弘居于三公之位，俸禄这么多，但是他睡觉盖布被，这是假装节俭，这样做岂不是为了欺世盗名吗？"汉武帝马上召见公孙弘，问他说："有没有盖布被之事？"公孙弘谢罪说："确有此事。我位居三公而盖布被，诚然是用欺诈手段来沽名钓誉。臣听说管仲担任齐国丞相时，市租都归于国库，齐国由此而称霸；到晏婴任齐景公的丞相时从来不吃肉，妾不穿丝帛做的衣服，齐国得到治理。今日臣虽然身居御史大夫之位，但睡觉却盖布被，这无非是说与小官吏没什么两样，怪不得汲黯颇有微议，说臣沽名钓誉。"汉武帝听公孙弘满口认错，更加觉得他是个凡事退让的谦谦君子，因此更加信任他。元狩五年，汉武帝免去薛泽的丞相之位，由公孙弘继任。汉朝通常都是列侯才能拜为丞相，而公孙弘却没有爵位，于是，皇上又下诏封他为平津侯。

公孙弘拜为丞相后，名重一时。当时，汉武帝正想建功立业，多次征召贤良之士。公孙弘便在丞相府开办了各种客馆，开放东阁迎接各地来的贤人。每次会见宾客，他都格外谦让恭敬。有一次，他的老朋友高贺前来进谒，公孙弘接待了他，而且，留他在丞相府邸住宿。不过每顿饭只吃一种肉菜，饭也比较粗糙，睡觉只让他盖布被。高贺还以为公孙弘故意怠慢他，到侍者那里一打听，原来公孙弘自己的饮食服饰同样如此简朴。公孙弘的俸禄很多，但由于许多宾客朋友的衣食都仰仗于他，因此家里并没有多余的财产。

公孙弘活到 80 岁，在丞相位上去世。以后，李蔡、严青翟、赵周、石庆、公孙贺、刘屈氂相继成为丞相。因为言行不谨慎，这些人中只有石庆在丞相位上去世，其他人都遭到诛杀。看来，公孙弘不肯庭争，取容当世也是一种不得已的处世之法。

生活中的一言一行可以称之为小事，但从这些小事中却可以看出一个人的境界。在智者面前，你的任何一个细小的动作，轻微的言辞都逃不过他们的眼睛。所以，他们可以因一句话或一个动作接纳你、帮助你，也可以因一句话或一个动作拒绝你、排斥你。注意自己的言行可以为你打造平坦的生存之路，直通人生的最高境界。

自恃高人一等只会被孤立

一个人要想孤立自己并不难，只要自视高人一等就足以奏效。受自傲心理所累的人同受自卑心理所困的人在与社会的融合方面，结果是一样的，都不会获得好的结局。所以，要学会低调做人，真诚地关心别人。

不唱"高调"，平易近人是西奥多·罗斯福异常受欢迎的秘诀之一。罗斯福是个使仆人都喜爱他的人，他的那位黑人男仆詹姆斯·阿默斯就曾写过一本关于他的书，取名《西奥多·罗斯福——他仆人的英雄》，阿默斯在书中写了这样一段富有启发性的话：

"我妻子有一次问总统关于鹬鸟的事，因为她从未见过鹬鸟，于是总统详细地描述了一番。一天，我们小屋里的电话铃响了。我妻子拿起电话，才知道是总统本人打来的，他特意来告诉她，我们屋子窗口外面正好有一只鹬鸟，如果她往外看，就能看到。罗斯福时常做这类小事。每次他经过我们的小屋，如果看不到我们，他就会轻轻地叫着'安妮'或'詹姆斯'，这是他表示友好的一种招呼习惯。"

一个日理万机的总统能做到如此平易近人，仆人怎能不喜欢他呢？

有一天，卸任后的罗斯福到白宫去做客。不巧的是，塔夫脱总统和夫人都不在。这时，他那种真诚对待身份卑微的人的态度完全体现出来了：他同所有的白宫旧仆人打招呼，而且能叫出每个人的名字，连厨房里的仆役也不例外。

当他见到厨房的阿丽丝时，问她是否还烘制玉米面包。阿丽丝回答，她有时为其他仆人烘制一些，但是楼上的人都不吃。

"他们的口味太差了，"罗斯福颇为不平，"等我见到总统的时候，我会这样告诉他。"

阿丽丝端出一块玉米面包放在盘子上给他，他端着盘子一面吃着一面向办公室走去，经过园丁和工人的身旁时，还不断跟他们打招呼……

"他对待每一个人，还和以前一样。"仆人们互相低声讨论着。而一名叫艾克·胡佛的仆人眼中含泪地说："这是近两年来我们唯一的愉快日子，我们任何人都不愿拿这个美好的日子去换一张百元钞票。"可见，大人物之所以成为大人物，就是因为他们永远不会自视高人一等，使自己孤立起来。

查尔斯·伊里特博士是美国有史以来最成功的一位大学校长——他从南北战争结束后到第一次世界大战前五年，一直担任哈佛大学校长。下面是伊里特博士做人做事的一个例子。

有一天，一个名叫克立顿的学生到校长室去借 50 美元的学生贷款。这笔贷款被批准了。"当我万分感激地致了谢，正要离去时，"克立顿自己叙述道，"伊里特校长说：'请再坐会儿。'然后他对我说：'听说你在自己的房里亲手做饭吃，只要你所吃的食物适当、分量足够，我并不认为这是坏事。我念大学时也这样做。你做过牛肉狮子头吗？如果把牛肉煮烂，就是一道好菜，因为不会浪费。我当年就是这样做的。'然后他就耐心地教我怎样做牛肉狮子头吃。"

即使是极为忙碌，也不忘关心别人是这些伟大人物身上的共同点，这种做法使他们获得了大多数人的支持，而永远不会使自己孤立起来。

还有一个更具传奇色彩的大人物的所作所为更值得我们去借鉴和学习：

法国巴黎以她的美丽和古老的欧洲文明迎接着来自世界各地的游客。

一天，一位有钱的美国人来到这座城市游览。她在林荫道和草坪中散步时，忽然看见一个老头儿正在花坛里浇水。他是那样内行，他那一丝不苟的姿态，足以证明他是个上等的园丁。这位阔太太有一座私人花园，她想，这位法国老头儿真是百里挑一的好园丁。在美国恐怕出高价也很难找到，现在既然有幸碰上了，为什么不带他到美国去呢？

于是她问那位老头儿，愿不愿意赴美国去做她的园丁，她可以给他高于法国三倍的工资，还可以负担他的旅费。为了说服老头儿，她又把美国吹嘘了一番，仿佛那儿遍地是黄金，到那里去了人人都能发财。

"夫人，"老头儿彬彬有礼地回答说，"真是不巧得很，我还有另外一个职务在身，一时离不开巴黎。"

"那就把它辞掉吧！这些，我都会给你补偿的。你除了园丁，还兼职干什么工作呢？是送牛奶还是养鸽子？"阔太太不屑一顾地问。

"都不是，"老头儿微笑着说，"我希望人们下次不要再选我，我就可以做你的园丁了。"

"选你做什么呀？"

"选我当……"

"你是……"阔太太在仔细端详了老头儿一会儿后惊讶地张大了嘴。

"我就是安里，我这个园丁兼任法国总统。"

这些伟大的人物用自己的行动表示了，他们从未把自己同普通人区别开来，他们都是下意识地、不自觉地就把自己定格在平凡人的位置上，他们因为自认平凡才更显伟大，他们堪称是天欲降大任给他们的人。

不宜明说的话最好含糊其词

有一则有趣的寓言可谓典范。

狮王想找个借口，欲吃掉它的三个大臣。于是，它张开大口，叫熊来闻闻它嘴巴里是什么气味。熊老实巴交，据实回答：

"大王，您嘴巴里的气味很难闻，又腥又臭的。"

狮子大怒，说熊侮辱了作为百兽之王的它，罪该万死！于是便猛扑过去，一口把熊咬死并吃掉了。

接着，它又叫猴子来闻，猴子看到了熊的下场，便极力讨好狮子，它说：

"啊！大王，您嘴巴里的气味既像甘醇的酒香，又似上等的香水一样好闻。"

狮子又是大怒，它说猴子太不老实，是个马屁精，一定是国家的祸害。于是又扑过去，把猴子给吞了。

最后，狮子问兔子闻到了什么味。

兔子答道：

"大王，非常抱歉！我最近伤风，鼻子塞住了。现在什么味道也闻不到。大王您如果能让我回家休息几天，等我伤风好了，一定会为您效劳。"

狮子没找到借口，只好放兔子回家，兔子趁机逃之夭夭，保住了小命。

在这种场合中，兔子的回答是机智的，因为此时既不能对狮子嘴巴中的臭气进行肯定，也不能否定，只得含糊其词，用"伤风"来搪塞。

其实，这则寓言的立足点，还是来自我们的生活。日常生活中，有些话不必说得太死、太具体，反而能更好地达到目的。

顾维钧曾担任驻美公使。有一次，他参加了一个国际舞会，与他一起跳舞的美国小姐突然问他："请问你是喜欢中国小姐呢还是美国小姐？"

这个问题很不好答，若说喜欢中国小姐，势必得罪了舞伴。如果说喜欢美国小姐，又会有失中国公使的尊严。

顾维钧灵机一动，回答说："不论中国小姐还是美国小姐，只要喜欢我的人，我都喜欢她。"

模糊语言其实大量存在于我们的日常生活之中，比如我们常说的"等一会儿"、"大约在元旦前后"、"有空一定来"等等，这样就避免了把话说死，留下很大的回旋空间。在外交上，使用模糊语言的机会更多。如"我们对×人的事态表示关注"、"我们注意到了××的言论"等等，工作中也常用模糊语言，比如常听到的"最近"、"多数同志"、"基本满意"等等。这样一来，说话便具有很大的弹性，有时能帮你摆脱困境。

倾听，不要随意插话

在交谈中，每个人都有发言权。但许多人往往过分相信自己的理解能力和判断能力，常常不等别人把话说完就随意插话、打断对方，这样是不仅有失礼貌的行为，不但会搅了别人的兴致，还会阻碍别人的思想，破坏别人的情绪，引起别人的反感。

老白在镇上盖了一套两层的楼房，当该房子的第二层刚封顶时，几个朋友在他家吃饭。席间，突然来了一位专门安装铝合金门窗的个体户，与老白一见面就递了张名片，并介绍了他做铝合金门窗的优势。老白说："虽然我们以前不认识，但通过你刚才的一席话，得知你对铝合金门窗安装的经验丰富，假如我房子的门窗让你来安装，我相信你能安装，也相信你能做得很好。但是在你今天来之前，我们厂里一名下岗钳工已向我提起过，门窗安装之事已决定由他来做……"

老白的话还未说完，那个个体户便插话了：

"你是说那东跑西走的小杨吧？他最近是给几家安装了门窗，但他那'小米加步枪'式的做法怎能与我比？"

哎呀！这话不说还好，一说便让老白顿时拿定了主意，接着说：

"不错，他尽管是手工作业，没有你那先进的设备，但他目前已下岗在家，资金不够丰厚，只能这样慢慢完善，出于同事之间的交情，我不能不让他做！"

就这样，那个个体户只得快快离开了。

之后，老白对我们说："那个个体户没听懂我的意思，把我的话给打断了。本来，我是暗示他，做铝合金门窗的人很多，不止他一个上门来请求安装。我已打听到了他做门窗多年，安装熟练，且很美观，但他的报价很高，我只是想杀杀他的价格，可他的一番话攻击了我同事小杨的人品，我宁愿找别人，也不要让他来安装我的门窗。"

这本来是一桩很不错的生意，最终却以失败告终，最主要的原因就是那个个体户过于急躁，不等人家把话说完，甚至还没有听懂别人的意思，就打断别人的话头，结果把眼看就要到手的生意给丢了。

谈话是人们进行交流的最佳方式。会说话的人，在别人说话的时候，会很注意地倾听，然后适时地提出自己的意见；而不会说话的人，在别人说话的时候，总是随时摆出一副跃跃欲试的样子，一有机会，马上插嘴。

如果一个人正讲得兴致勃勃，听众也正听得津津有味，而此时你却突然插嘴。在这种情况下，不但说话者对你没有好感，很可能其他人也不会对你有好感。在别人说话的时候，你应该耐心地聆听他人的话，注意不要插话搅了对方的兴致，这时，点头示意比贸然插嘴要好得多。

插话，就像是一把"钩子"，不到万不得已时，最好不要用它。约翰·洛克指出："打断别人说话是最无礼的行为。"所以，在别人说话的时候，你应该：

不要用不相关的话题打断别人的谈话；

不要用无意义的评论扰乱别人的谈话；

不要抢着替别人说话；

不要急于帮助别人讲完故事；

不要为鸡毛蒜皮的小事打断别人的正题；

不要打断他人的话去争论一些毫不重要的细节。

在听别人说话时，假如你真的有没听懂的地方，或者听漏了一两句，也千万别在对方说话中途突然提出问题，而应该等他把话说完，再提出："很抱歉，刚才中间有一两句你说的是……吗？"如果你在对方谈话中间打断别人："等等，你刚才这句话能不能再重复一遍？"这样，对方就会产生一种受到命令或指示的感觉。

听人说话，务必有始有终。但能做到这一点的人却不多。有些人往往因为疑惑对方所讲的内容，便脱口而出："这话不太好吧！"或因为不满意对方的意见而提出自己的见解，甚至当对方有些停顿时就抢着说："你要说的是不是这样……"由于你的插话，很可能打断对方的思路，使对方忘记真正要讲的话。

总而言之，请你记住一点：不要随意插话。除非说话的人讲话的时候拖得过长，他的话不再吸引人，甚至令人昏昏欲睡，已经引起大家的厌烦，这时，你打断他倒是做了一件好事。

虽然在别人讲话时，插话是十分不礼貌的，但如果有必要表明你的意见，非要打断讲话，那么你就必须十分注意自己的插话技巧。

（1）如果你不同意对方的看法，一般也不要打断他的谈话。但如果你们比较熟悉，或者问题特别重要，也可以先表示一下态度，待对方说完后再作详细阐述。

（2）交谈过程中，如果你想补充另一方的谈话，或者联想到与谈话有关的情况，想即刻作点说明，这时，可以对讲话者说："请允许我补充一点"，或者说："我插一句。"然后，说出自己的意见。这样的插话不宜过多，以免扰乱对方的思想。

（3）当你要找交谈者中的某一人处理事情时，可以先给他一些小动作的暗示，他一般会找机会和你讲话。你也可先向他们打个招呼："很对不起，打断你们一下。"当他们停止交谈时，即用尽可能简洁的语言说明来意，一旦事情处理完毕，立即离开现场。

（4）如果你想加入他们的谈话，则可以找个适当的机会，礼貌地说："对不起，我可以加入你们的谈话吗？"或者，大方客气地打招呼，叫你的同事互相介绍一下，就能很快打破生疏的感觉。

总之，在与别人交谈的时候，不要随意插话，但如果不得不发表自己的看法，也一定要注意插话的技巧，这样才能始终保持交谈的顺畅与和谐。

第二章

打响自己的社交品牌

——举手投足间展示形象魅力

社交形象的塑造不是一朝一夕的事情，而是在一个眼神、一个动作、一个表情等一举一动之间天长日久自然形成的，但恰恰这些细节处不为人所注意。如果在自己家里，这些细节确实是无关紧要的小事，但是在社交场合却会直接影响别人对你的印象。因此，它们又都是影响社交形象的大事。

走路的方式，可以看出你的未来

无论是谁，都有特殊的走路方式。平常，当我们在距离很远的地方看到老朋友或是家人时，能很快认出他们，因为我们已熟悉他们走路的方式。

在日常生活中，从走路时的步法和步幅，可以看出一个人走路时的特征。当然走路的姿势也随着心情的变化而变化，在心情愉快时，脚步也跟着轻快。反之，在悲伤的时候，走路就会表现出步履沉重的样子。一般说来，迈开步伐较大者，自我表现的欲望比较大。喜欢将自我存在的意识让对方接受。

脚步很快而手臂大摇大摆的人是积极的，被人认为是目标志向型的。而不管天冷或天热，总是将手插于口袋中，不时地低头、拖着脚走路，好像是有东西掉到地上似的，这种人喜欢思考。

将手叉着腰，重心向前，而步伐很快，眼睛好像在寻找东西，一般说来，有这种走路方式的人，大多目光短浅，只看到眼前的利益。

喜欢踢着地面走路，有时好像受到挫折般地怒气冲冲，有时心灰意懒，经常不能保持心里的平静。在职业训练的团体中，有 10％ 是属于这种走路的方式。像如此没有干劲的人，会让指导者无心训练，最后损失的还是自己。

也有人将脚步尽量抬高走路，好像在跳舞似的，甚至不管旁边的人如何，也同样边走边跳。走路外八字，或是走路故意交叉一步接一步地走，更有人臀部故意左右大幅摇摆，这种人通常是喜好表现的。

将两手摆在后面，低头俯首，然后慢条斯理地一边走一边想问题，这种走路方式被认为是思考型的人。将下巴抬得高高的，而手臂摆幅很大，脚步也很夸张，步伐故意与众不同的人，这是属于自我满足型，喜欢得到别人的尊重。摆动臀部的走路方式，则以女性为多，此时需要注意姿态方面的美观。

所谓理想型的走路方式，是两肩、身体和腰部成一直线，腹部收缩，收下巴，头部稍微向后倾，两手自然摆动，两脚成一直线向前进。

在人的一生当中，有时虽是做人处世的小节，却可以看出一个人的人生态度，形成他社交形象的一部分。因此从走路的方式，也可以看出这个人的未来。

让眼神打开社交之窗

"眼是心灵之窗"，眼的奥秘在于它会毫无保留地反映出人的喜、怒、哀、乐，反映人的思维活动。

所以说，从一个人的眼睛中通常能够反映出他的整个内心世界。

我们常常说某位可爱的女孩子的眼睛会说话，这就是她的眼睛富于表情。实际上，内心充实、情感丰富的人的眼睛都是十分动人的。

一个形象良好的人，其目光是坦然、亲切、和蔼、有神的。特别是在与人交谈时，目光应该注视对方，不应该躲闪或者游移不定。在整个谈话过程中，目光要注意对方，专心、温和、充满热情。

人际交往中诸如疲倦、冰冷、呆滞、漠然、轻蔑、惊慌、敌视、左顾右盼的目光都是应该避免的，更不要对人上下打量，挤眉弄眼。

还有一种眼神叫"凝视"。各种凝视都有不同的作用。在洽谈、磋商、谈判等场合，凝视对方给人一种严肃、认真的感觉。注视的位置在对方双眼或双眼与额头之间的区域。各种社交场合使用的注视方式也是一种凝视，注视的位置在对方唇心到双眼之间的三角区域。亲密凝视是亲人之间、恋人之间、家庭成员之间使用的注视方式。凝视的位置在对方双眼到胸之间。

有一位女记者在对男性做采访时，常有这种体验：对注视她的男性要比不注视她的男性更有好感。而且经过在面试时候的测验，也表明如何选择候选人也与是否注视着主考人有着很大的关系。注视，或是看一个人，在心理学中被称为"视线接触"。这种视线接触越频繁，对方也越会产生好感。我们应该学会被对方注视。把自己和对方换一个位置的话就会明白。如果是讨厌的人，也不会想去看他一眼。

相反，如果是自己喜欢的人，就总会去盯着他看。所以注视着你的人，也对你抱有一定的好感。用温柔的、亲切的目光注视对方的话，对方也会产生"他为什么这样看着我呢？""有机会的话，和他聊聊看！"

之类的想法。如果遇到了你喜欢的人，先从注视他开始。

　　社交中一双真诚而热情的眼睛能够拉近双方的心理距离。眼睛会说人们内心深处的话，它表明了你对人家的好感。充满善意的眼睛不一定是一双美丽的大眼睛，但只要真诚，同样可以赢得人们的好感，让人难忘。

　　有人说"眼斜心不正"，其实不准确，应该说"眼邪心不正"。心术不正的人不光是喜欢斜视，而是"邪"视，就是眼神中透出邪恶的光。

　　孟子说过，看人胸中正与不正，要看他的"眸子"，正直的人眼光是光明坦然的，不正直的人眼光是怯懦而灰暗的。曾国藩也说过：一个人目光闪烁不定，这个人定非善类。这些说法都是有一定道理的。

　　我们如果遇到一个人，眼睛急速地躲开你的目光而闪烁不定，你心里就会很不舒服。我们相信自己的人品，但从仪态上也不要染上这些坏毛病。

　　眼神不能滥用。自然眼神是语言表达的得力助手。眼睛是一种无声的语言，能表达比言语更深切、更微妙的含义。许多动物不会说话，却会瞪眼，其目的是向对手发出威胁的信号。蝴蝶经过长期进化，翅膀上的斑纹越来越醒目，这种斑纹会使其他动物误认为是猛兽的怒目，从而不敢轻举妄动。

　　眼神可以显示出人的喜悦或冷漠，每一种眼神都有特定的含义：明亮的眼神表示心情愉快；平静的目光表示温和善良；灵秀的目光表示聪明智慧等等。可见，在交际活动中注意眼神是非常重要的。

　　我们的眼神应该智慧、诚恳、明亮、平静、友好、坦然、专注、坚定。切忌挑逗、仇恨、轻佻、卑琐、轻蔑、奸诈、愤怒、凶狠、阴沉、游离、茫然的眼神。

眼神是一种在社交中通过视线接触来传递信息的表情语言。人们历来重视眼睛对行为所产生的巨大影响。思想感情的存在和变化都能从眼睛显示出来。从理论上讲，眼神主要由以下两方面组成。

一是视线长度。在我们与人交谈的过程中，注视对方的时间是谈话时间的一半左右。如果超过这个比例，说明我们对对方本人比对方的话更感兴趣；低于这个比例，说明对二者都无所谓。交谈时的其他眼神表现，总的讲要灵活自然。对一般的谈话对象，不要长时间凝视，否则就会让对方有被侵犯的感觉。

二是视线方向。谈话时，我们注视对方的部位可以显示我们与对方关系的亲疏。在生意、谈判、商务等场合，要用眼睛看着对方脸上的三角部位。这个三角就是双眼和前额的中心位置。如果你看着对方的这个部位，就会显得严肃认真，别人也会感到你有诚意。所以，这是把握住谈话主动权和控制权的重要因素。

善于捕捉说服的时机

若不能好好把握说服的时机，时机稍纵即逝。所以，懂得把握时机的人，都具备以下两项条件：

第一，善于寻找时机。

第二，要有果决的说服胆量。

这两项是缺一不可的，一旦判定时机到来，千万不可犹豫，否则机会难再得。

例如，某职员还需 3 天的时间才能完成上司交待的工作，所以他想说服上司宽限工作天数。他一早就到上司的办公室去。面对上司，这位职员说话时竟显得吞吞吐吐的，半天说不出所以然来，一副不知该从何说起的样子。

这时，上司虽明白职员的意思，但是看他一直说不出口，就借机采取先发制人的攻击：

"对了！我忘了告诉你，这件企划案明天就要交出来，知道吗？"

他本来想说服上司将工作延长三天的，结果不但没有达到目的，反被上司要求提前完成，只好垂头丧气地走出上司的办公室。

其实这位职员一见上司，应马上开口：

"上次您交代的工作，无论如何还需 3 天的时间才能完成。事实上，再加上 3 天还是有点赶，但我们全体工作人员一定会全力以赴的。请经理再给我们 3 天的时间吧！"

想要说服他人，就应把握住时机，直截了当地说服对方。先下手为强说服，才能一举成功。下面列举一些社交场合中最好的说服机会：

（1）当你要找时机说服别人时，大清早是最好的时机。

（2）欲将私事拜托他人，或与之讨论较困难的事情时，在做完一件事的休息时间是最好的机会。

（3）当你要别人同意你所提出的事情时，在外出前、开会之前，或者当对方非常慌乱之际，都是最好的时机。

（4）一般低血压的人，通常在中午时身体状况比较差，所以如果有比较复杂的事情要处理，最好是在午后比较恰当。

（5）事情要有本末之分，你可以将较不重要的部分，预留到下一个阶段再来说服："原来在上一周就应该有结论的，但是……"以这种方式说服定能让对方接受。

（6）同样的，在周末你可以说："如果拖到下星期，将会有更多的麻烦，所以必须在这个星期……"这也是迫使对方接受的一个好机会。

（7）当对方对你心怀感激时，是说服的最好时机。换言之，当对方处于低姿态时，你去说服绝对会令对方难以拒绝。

（8）你可反过来利用对方说服你的时候说："刚好，我也有事拜托你。"

（9）如果你能够掌握到对方的工作流程，确定对方什么时候忙，什么时候空闲，便能掌握到最佳的说服机会。

（10）过一段时间后再找寻机会，这是最需要注意的事情。在高尔夫球场上遇见的对象，如果你第二天就去向他推销，往往会被拒绝。但如果隔了一周以后再去拜访，你只要简单地向对方打招呼，就能够与对方保持良好的关系，这也是最聪明的做法。

（11）对工作场所的气氛，对一个人的心情、神色、观念、生活态度等，都必须有敏锐的感觉，如此才能掌握好说服的契机。

得体的赞美是交际的润滑剂

喜欢听赞美是人的一种天性。当来自社会、他人的赞美使其自尊心、荣誉感得到满足时，人们便会情不自禁地感到愉悦和鼓舞，并对赞美者产生亲切感，这时彼此的心理距离就会因赞美而缩短、靠近，自然也就为交际成功创造了必要的心理条件。

特别是当交际双方在认识上、立场上有分歧时，适当的赞美会产生神奇的力量，它能弱化矛盾，克服差异，促进理解，加速沟通。所以，善交者每每运用赞美武器，为自己开路。

赞美作为一种交际语言的表达方式，应区别对象，掌握火候，讲究技巧，恰到好处。其原则主要有：

（1）赞美要真诚自然

真诚的赞美有纯洁的动机，它不是为了谋求从对方那里得到什么才赞美。如卡耐基所说："如果我们只图从别人那里获得什么，那我们就无法给人一些真诚的赞美，那也就无法真诚地给别人一些快乐。"同时，真诚的赞美又是发自内心的，它是对对方的优点表露出来由衷的赞赏，所赞美的内容是确实存在的，不是虚假的。赞美的语气通常亲切自然，表情和悦真挚，使人感到情真意切。如果赞美他人时，摆出一副冷冰冰的面孔，或满脸讪笑，语气阴阳怪气，那么，对方会认为你在要笑他，是虚情假意，是别有用心。这样的赞美就变了味，难以取悦于人。比如对一个胖子说："呀，你好苗条！"这种失真的赞美是最蠢的，只能自寻难堪。

（2）赞美要恰如其分

当对方期待得到赞美时，你给予赞美，那是最得体最有魅力的赞美。同时，这种赞美应是具体的不是抽象空洞的。周总理对罗杰斯的称赞之言就属于这一类。一般说来，具体的赞美指向明确，对方会感到受之无愧，而抽象的赞美缺少特指意义，可以用在任何人的身上，有寒暄客套之嫌，难以使人产生特别的激动之情。与之相关的是赞美用词应恰当准确，有分寸感，不要夸大其词，要避免使用"最最"、"绝对"、"举世无双"之类的极限性词汇。比如，对一个做出一些成绩的人赞美说："你真伟大！简直无与伦比！"这样的赞美不但不会使对方高兴，反而使之感到紧张、尴尬，进而怀疑你的诚意和动机。

（3）赞美要适可而止

赞美性语言虽然有积极作用，但绝不是越多越好。因为，对人施以赞美毕竟不是交际活动的最终目的，它不过是促进心理相容，是交际进程中的一种手段。因此，赞美之言不能滥用，应点到为止，而后要在和谐友好的气氛中迅速转入交际的正题，追求交际的成功。如果一味赞美，把交际活动当成歌功颂德的舞台，就会适得其反。过头的赞美一旦变成肉麻的吹捧，赞美就失去了积极意义，赞美者就成了阿谀奉承、吹嘘拍马的可耻之徒。这里应记住一句古语：过犹不及！

总之，我们应牢记一条重要的交际原则：赞美有助于交际的成功。

为此，就要有一双善于发现美的眼睛，随时捕捉交际对象的可赞美之处。那时，得体的赞美之辞就会随口道来。

别让小动作毁了自己的形象

　　每天我们都会出现在不同的场合，作为社交中的一分子，我们要做的就是让自己的动作与场合和身份相称。但是，偶尔一疏忽就会露出马脚，这个时候你不妨检查一下自己有什么不妥当。

　　我们来看看你的动作，你是否当众打呵欠？在大庭广众中，你能忍住不打呵欠吗？在社交场合打呵欠给人的印象是，表现出你不耐烦了，而不是你疲倦了。

　　有些手痒的人，只要他看见什么可以用，就会随手取一支来掏耳朵，尤其是在餐室，大家正在饮茶、吃东西的时候。掏耳朵的小动作，往往令旁观者感到恶心，这个小动作实在不雅，而且失礼。

　　宴会席上，谁也免不了会有剔牙的小动作，既然这小动作不能避免，也得注意剔牙的时候不要露出牙齿，也不要把碎屑乱吐一番，否则是失礼的表现。假如你需要剔牙，最好用左手掩住嘴，头略向侧偏，吐出碎屑时用手巾接住。

　　有些头皮屑多的人，在应酬的场合也忍耐不住皮屑刺激的瘙痒，而挠起头皮来。挠头皮必然使头皮屑随处飞扬，这不仅难看，而且令旁人大感不快。

　　有时候，由于不拘小节的习性，破坏了自己的形象，因此必须注意。

　　（1）手

　　最易出毛病的地方是手。用手掩住鼻子；不停地抚弄头发；使手关节发出声音；玩弄接过手的名片。无论如何，两只手总是忙个不停，很不安稳的样子。本来想使对方称心如意的，谁知道却因为这样而惹人厌烦。

（2）脚

神经质地不住摇动，往前伸起脚，紧张时提起后脚跟等等动作，不仅制造紧张气氛，而且也相当不礼貌。如果在讨论重要提案时伸出脚，准会被人责骂。

如果是参加会议更不要当众抖腿。这种小动作多发生在坐着的时候，站立时较为少见。这种小动作，虽然无伤大雅，但由于双腿颤动不停，令对方视线觉得不舒服，而且也给人有情绪不安定的感觉，这是失礼的。同样，让跷起的腿钟摆似的荡秋千也是相当难看的姿态。

（3）背

老年人驼背是正常的事，如果二三十岁的年轻人也驼背的话，可就不太好了。我们主张挺直腰杆和人交谈。

（4）表情

毫无表情，或者死板的、不悦的、冷漠的、生气的表情，会给对方留下坏印象。应该赶快改正，不让自己脸上有这种表情。为使自己说话生动，吸引对方，最好能有生动的表情。

（5）动作

手足无措、动作慌张，表示缺乏自信心。动作迟钝、不知所措，会使人觉得没品位，而且让人觉得难以接近。昂首阔步、动作敏捷、有生气的交谈会使气氛变得活跃。所以，千万别忘记，人是依态度而被评价、依态度而改变气氛的。

着装里面有学问

社交场合如果着装有问题不仅自己尴尬，还会引起别人的侧目，导致社交障碍。着装问题主要体现在不符合年龄特点、不合体，与当时的社交场合不相宜、搭配错误等，这里仅就经常出现问题的着装常识作一下介绍。

与你工作环境不相适应的着装可能是叛逆的标志。一家公司有位年轻、漂亮的行政助理，自从她开始与摇滚乐手约会，便逐渐改变了端庄的穿着和职业女性的发型。改变装束是为了在下班后会男友时不必再换衣服。而不幸的是，正当她在事业上渐具竞争力时，却破坏了自己的职业形象。无疑，她的优势地位也伴随着她的职业形象一起消失了。

公然违背着装规则会被视为对权威的挑战。无论是女人穿超短裙，打扮得珠光宝气，还是男人经常敞着衬衫领口，穿运动夹克衫，给人留下的印象可能都是："我对工作不严肃。"不过，即使是办公楼里着装最佳人士也要避免给人留下仅仅对衣服感兴趣的印象。

要以着装向人传达这样的信息为原则："我属于这里"，"我有独特的判断力和高雅的品位"。

一套服装是否适合你所处的环境受许多因素的影响：你的工作性质、你居住的地区、气候以及特定的场合。

很自然，衣着是否合适主要决定于你的工作性质。常与别人打交道的工作一般需要着装更加职业化一些。与广告、软件开发或娱乐业人员相比，领导者应该选择较为保守的服装。你穿的衣服应让你安全自如地完成工作中的各种活动。

在许多情况下，当地的气候决定着服装是否合适。衣服的面料要符合天气的情况，如果你在深圳温暖的冬天穿着厚厚的羊皮夹克，人们就会认为你连一些基本的常识都不懂。气候不仅影响服装的选择，还影响着鞋和外衣。在北方，男人常穿带翼波状盖饰的皮鞋，而且比其他地区男人穿的鞋厚实。

环境和场合对衣着也起着决定性的影响。比如，如果你在星期六下午盘点时穿西服就显得有点儿不合适了。一家财务公司的合伙人清楚地记得，有一天他穿了一双带有流苏的鞋去办公室。路上不断有人问他，"你要去打高尔夫球吗？"

衣服上的饰物和其他细节也要与你的职位相称。有一位刚提升为管理人员的工程师穿着背带裤，系着一条领带，还配了块手帕。他的领带和手帕图案虽不完全相同，但是很相配。

不论是去适应一个新的工作环境，还是迁居到一个陌生的地区，你都可以从周围的人们那里获得着装是否合适的提示。

就颜色的搭配而言。服装的色彩在人际知觉中是最领先、最敏感的。在人们认知能力、审美意识以及服装文化的发展过程中，各种不同的色彩被赋予了许多社会含义，人们对色彩的情感、礼仪等心理效应有了共同的认识，并通过教育、传统习惯等方式代代相传。青年人只有按照这种共同的认识标准去选择适当的色彩认同和搭配方式，才能适应和满足公众的审美要求，才算符合着装的礼仪标准。

不同的色彩有不同的象征意义。

红色：象征兴奋、热情、快乐。在感觉上给人以十分强烈的刺激作用，显示着浪漫、活泼与热烈。因此，红色的服装更显朝气和青春活力。

黄色：象征华贵、明快。但它是一种过渡色，能使兴奋的人更兴奋，活跃的人更活跃；同时也能使焦虑和抑郁的情绪更糟糕。

蓝色：象征宁静、智慧和深远。是一种比较柔和的颜色，它能使人联想到天空和海洋，给人以高远、深邃的感觉。

橙色：象征活力与温暖。是一种明快、富丽的色彩，能引起人的兴奋与欲求，使人联想到阳光。

绿色：象征生命与和平。是一种清爽宁静的色彩，能使人想到青春、活力与朝气。所以，着绿色装显得年轻和富有朝气。

黑色：既可象征深刻、沉着、庄重与高雅，也可以代表哀伤、恐怖、黯淡与恫吓，是一种庄重、肃穆的色彩。它能使人们产生凝重、威严、阴森等不同感觉。

紫色：象征高贵和财富，给人以富丽堂皇、高雅脱俗的感觉，是一种华贵、充盈的色彩。

白色：象征纯洁、高尚、坦荡。是一种纯净、祥和、朴实的色彩，给人以明快、无华的感觉。

灰色：象征朴实、庄重、大方和可靠。是一种柔弱、平和的色彩，给人以平易、脱俗、大方的感觉。

选择服装颜色要注意：

①选择服装时不但要注意服装颜色的内涵，更要注意服装颜色搭配的协调。

②色彩要与体型协调。体胖者宜深不宜浅，体瘦者则相反，宜浅不宜深。

③色彩要与肤色协调。肤色苍白者，宜选暖色调；肤色较黑者，宜选柔和明快的中性色调。色彩要与个性协调。热情活泼者宜选浓艳的活跃的色系；内向文静的才可以选温雅平和的色系；老成稳重者则首选蓝灰基调的色彩。

④色彩要与环境协调。衣色与所处的自然环境、社会环境都要协调。比如参加葬礼时不可着大红大紫之类艳色服装等。

就西装的穿法而言。男士在穿着西装时，不能不对其具体的穿法倍加重视。

根据西装礼仪的基本要求，男士在穿西装时，要特别注意以下七个方面：

（1）要拆除衣袖上的商标

在西装上衣左边袖子上的袖口处，通常会缝有一块商标。有时，那里还同时缝有一块纯羊毛标志。在正式穿西装之前，一定将它们先行拆除。

（2）要熨烫平整

欲使一套穿在自己身上的西装看上去美观而大方，就要使其显得平整而挺括，线条笔直。要做到这点，除了要定期对西装进行干洗外，还要在每次正式穿着前，对其进行认真的熨烫。

（3）要系好纽扣

穿西装时，上衣、背心与裤子的纽扣，都有一定的系法。在三者之中，又以上衣纽扣的系法讲究最多。一般而言，站立之时，特别是在大庭广众之前起身站立时，西装上衣的纽扣应当系上，以示郑重其事。就座之后，西装上衣的纽扣则要解开，以防其走样。当西装内穿背心或羊毛衫，外穿单排扣上衣时，才允许站立之际不系上衣的纽扣。

通常系单排两粒扣式的西装上衣的纽扣时，讲究"扣上不扣下"，即只系上边那粒纽扣。系单排二粒扣式的西装上衣的纽扣时，正确的做法则有二：要么只系中间那粒纽扣，要么系上面那两粒纽扣。而系双排扣西装上衣的纽扣时，则可以系上的纽扣一律都要系上。

穿西装背心，不论是将其单独穿着，还是穿着它同西装上衣配套，都要认真地系上纽扣。在一般情况下，西装背心只能与单排扣西装上衣配套。它的纽扣数目有多有少，但大体上可被分作单排扣式与双排扣式两种。根据西装的着装惯例，单排扣式西装背心的最下面的那粒纽扣应当不系，而双排式西装背心的全部纽扣则必须无一例外地统统系上。

目前，在西裤的裤门上"把关"的，有的是纽扣，有的则是拉锁。一般认为，前者较为正统，后者则使用起来更加方便。不管穿着何种方式"关门"的西裤，都要时刻提醒自己，将纽扣全部系上，或是将拉锁认真拉好。西裤上的挂钩，亦应挂好。

（4）要不卷不挽

穿西装时，一定要悉心呵护其原状。在公共场所里，无论如何，都不可以将西装上衣的衣袖挽上去。否则，极易给人以粗俗之感。在一般情况下，随意卷起西裤的裤管，也是一种不符合礼仪的表现。

（5）要慎穿毛衫

要打算将一套西装穿得有"型"有"味"，那么除了衬衫与背心之外，在西装上衣之内，最好就不要再穿其他任何衣物。在冬季寒冷难忍时，只宜暂作变通，穿上一件薄型"V"领的单色羊毛衫或羊绒衫。这样既不会显得过于花哨，也不会妨碍自己打领带。不要去穿色彩、图案十分繁杂的羊毛衫或羊绒衫；也不要穿扣式的开领羊毛衫或羊绒衫，否则会使西装鼓胀不堪，变型走样。

（6）要巧配

西装的标准穿法是衬衫之内不穿棉纺或毛织的背心、内衣。至于不穿衬衫，而以 T 恤衫直接与西装配套的穿法，则更是不符合规范的。

（7）口袋内要少装东西

为保证西装在外观上不走样，就应当在西装的口袋里少装东西，或者不装东西。对待上衣、背心和裤子均应如此。具体而言，在西装上，不同的口袋发挥着各不相同的作用。在西装上衣上，左侧的外胸袋除可以插入一块用以装饰的真丝手帕外，不准再放其他任何东西，尤其不应当别钢笔、挂眼镜。内侧的胸袋，可用来别钢笔、放钱夹或名片夹，但不要放过大过厚的东西或无用之物。外侧下方的两只口袋，原则上以不放任何东西为佳，在西装背心上，口袋多具装饰功能。除可以放置怀表外，不宜再放别的东西。

在西装的裤子上，两只侧面的口袋只能放纸巾、钥匙包或者碎银包。其后侧的两只口袋，则大都不放任何东西。

第三章

利用印象效应的手段

—— 初次见面把握印象分值

第一印象在社交当中十分重要，因为先入为主的个人印象，决定别人在相当长的时间里对你的看法和态度。为此，在与人第一次见面时，要尽量有所准备，在细节处有意识地调整自己不足的方面以增加对方对自己的印象分。

正确利用第一印象效应

在社交活动中，第一印象很重要。它是在没有任何成见的基础上，完全凭着你的"自我表现"来判断的，因而第一印象直观、鲜明、强烈而又牢固。如果你的相貌俊美，举止端庄大方，言语机智，谈吐风趣幽默，风度翩翩，你就会给人留下美好而难忘的印象。当然，人无完人，所有的优点和美德不可能都集中在一个人身上，但你若具有其中某一方面或某一方面的某一点，再扬长避短，将其发扬光大，也同样可以获得最佳效果。

（1）第一印象的影响力

第一印象的好坏，决定着社交活动能否继续下去。第一印象好，人家就愿意和你进一步来往，通过一段时间的相识与了解，人家觉得你的确不错，你们的关系就会顺畅发展。如果对方是你的客户，你在事业上就多了一个合作伙伴；如果对方是你的同事，你在工作中就多了一个支持者；如果对方是你的邻居，你在生活里就多了一个朋友。第一印象不好，你与人家的交往便不得不就此止步了，因为人家不想再见到你。纵然你有多么美好的动机，多么宏伟的蓝图设想，也只能化成泡影了。

　　第一印象直接影响着对一个人的评价。一个人的言谈举止，是构成人们对他直观评价的主要因素。许多人在初次交往时，就很快被对方所接受，或被奉为事业的楷模，或被尊为学业上的恩师，或被敬为思想上的领袖，或被定为人生的伴侣，也就是一见钟情。

　　第一印象的烙印是非常深刻的，很长时间都不容易被改变。在许多回忆录中，我们常常可以读到这样一段话："他还是老样子，像我第一次见到他的时候……"多少年以后，历史的变化更加之岁月的沧桑，一个人怎么会没有变化呢？但在作者眼里，对方还是他初次见到的模样。事实上不是对方依然如故，而是作者脑中的第一印象太深刻了，没有随着时间的流逝而改变。由于第一印象扎根太深，以后感知或应该感知到的东西，也都被冲淡或忽略了。其好处是，两个人之间如果没有出现本质问题，偶尔的一些矛盾或不快很可能被忽略，二者的关系仍朝着纵深方向发展。其不利处是，两人之间若有一人发生了本质变化，另一方仍忽略不计，势必要丧失立场，乃至上当受骗。

　　（2）正确对待第一印象

　　一般来讲，第一印象还是基本准确的，尤其在有阅历之人的头脑中，准确度更高。首先他没有先入为主的偏见；其次，他只凭客观判断。只要此人不是高明的玩家，不是擅于演戏，正常的人际交往总能感受个八九不离十。人们的思想深浅，学识的高低，教养的好坏，从对方三言两语的言谈中，便可一见分晓。所以在社交活动中，把握好第一印象，关系十分重大。

　　但也不能一概而论，初次交往也有看走眼的时候。第一印象接触的毕竟是表面的东西，本身就潜伏着偏差，再经过时间的推移和人事的变化，其距初始感觉已越来越远。

作为一种心理现象，我们应该重视第一印象。怎样减少偏差，如何一目了然，都是未来很好的研究课题。就我们自身而言，要增加阅历，提高修养，加强识别人、判断人的能力。同时也要把第一印象拿到实践中去检验，在实践中不断地修正它，丰富它，使它发挥更准确、更巨大的作用。

（3）第一印象与先入为主

对客观事物的认知，不是遵循其自身规律，而是受制于第一印象，在它的作用和影响下，形成先入为主的心理效应。

第一印象的好坏，已被社交者在头脑中固定为一种倾向，由此决定他们的社交态度。如果第一印象好，双方就愿意交往，这是社交继续的基础。如果第一印象不好，彼此不想再见，社交也就无法进行。

在现实生活中，许多事情又不以人的意志为转移，即使你的第一印象不好，可是出于工作或生活的需要，你也不得不和对方继续打着交道。这时，先入为主的心理效应便开始显现出来。

生活中常有这样的事情：一位多年的领导干部，带领大家艰苦奋斗，业绩频频，深受众望。突然有一天，政治运动兴起，他被造反派揪出来，说是揪出了一个叛徒。人们怎么也不相信，平时最受他们尊敬的领导，一夜之间会成为叛徒。于是，有人默默哀叹，有人愤愤不平，有人呼冤告状。一贯的思想，使他们坚信，他们的领导是个好人，不可能是叛徒。运动过后，这位领导得以平反昭雪，证实了人们的看法。这种情形，说明先入为主的思想在发生着积极的心理效应。

生活中也常常存在另外一种情况：某工厂的一名工人，人见人夸，都说此人老实能干，尤其见到女同志就脸红，更让人觉得放心。突然有一天，公安局来人将其带走，说他是强奸犯罪嫌疑人。人们乍听时，谁也不相信，如此腼腆的人，怎么可能？后经公安局的大量证据证实，犯人自己也招了供，人们才不得不信。不过，这一事实仍然让人们费解，无法将前后两者联系到一起。这时先入为主的思想，产生的就是消极的心理效应。

在社交活动中，人们都免不了被先入为主的思想左右。对印象好的人，怎么看怎么好，越看越顺眼。如果有人对你说他的许多不是，你或者不放在心上，听而不闻；或者根本不相信，还要反驳几句；或者将信将疑，持怀疑态度。让你相信真有此事，可不是一件容易的事情。相反，若有人在你面前顺势夸他，你会连连点头，坚信不疑。

对印象不好的人，你是怎么看怎么不顺眼，越看越别扭。如果有人向你提及他的优点，你会很反感，不仅不信，还要将对方痛斥一番，把你长期的不满，连带今日的"话不投机"，一并泼向对方。如果有人指责那人时，你听起来就很受用，即使不参加讨伐，心里也是认同的。

（4）避免成为先入为主的牺牲品

先入为主的心理效应，有它积极的一面，也有它消极的一面，在与人交往时要善加识别。当先入为主的内涵与客观事实相符时，就能够亲近好人，远离坏人；当先入为主的内涵与客观事实不相符时，就会以偏概全，错待朋友，善待敌人。在生活中，这样的事例很多，所有那些上当受骗的人们，多数都是先入为主的消极心理效应的牺牲品。

所以，我们要学会控制和把握，看待事物不能受先入为主心理的牵制，要防止思想的偏向，克服狭隘心理，积极诱导出先入为主心理的有利因素，注意纠正其以偏概全的不利因素，将先入为主的心理效应发挥到最佳状态。

第一次见面要会做介绍

第一次见面做介绍是社交场合的礼节之一，分自我介绍、由别人介绍自己、听对方介绍他自己、听别人介绍对方和向对方介绍别人五种。

（1）自我介绍

如，"您好！我是王刚，长江机械厂的业务员"，由招呼话和介绍话组成。介绍话一般包括自己的姓名、单位职务及事由。其要领是语调要热情友好，充满自信，眼睛要注视对方，含笑致意。

（2）由别人介绍自己

由姿态和言语两部分组成。当介绍人在介绍时，自己不能心不在焉、东张西望，而应当含笑注视对方，随着介绍人的介绍而向对方点头致意。当介绍人介绍完后，再与对方握手，并说上一些恰当的话语，如："见到您很高兴。"

（3）听取对方的自我介绍

这时自己虽不是交往主动者，但也应表现出热情的姿态，全神贯注地看着对方，而不能一边用耳听，一边低头批阅文件。在对方介绍完后，应热情欢迎，如伸出手去握住对方的手，用惊喜的语调说："哦，你就是王先生，欢迎欢迎！请坐！"

（4）由别人介绍对方给自己

这时，自己要侧过耳朵去听介绍人的介绍，并用点头或一些感叹词来呼应他的介绍，但应注意，无论对方还是被介绍人，目光都要一直注视着对方，而不能只看着介绍人，把后脑勺对着被介绍人。待介绍人介绍完毕后，应热情和对方握手，并亲切交谈。

（5）自己把某人介绍给另外一个人

这种情况下，交往双方原来没有交谈过，但都分别与自己相识。所以，自己的任务就是介绍他们双方互相认识。这种介绍通常由说明语和介绍语组成。如："两位，请允许我来介绍一下，这位是小李，华为公司的代表；这位是王先生，中兴公司的代表。"

假如您现在是一个宴会的主人，请来了许多客人，老朋友们自然不用您介绍，他们会主动凑到一块谈得热火朝天。关键是单独无伴的客人，您应注意不能冷落他们，要尽快让他们也找到适当的伙伴，这就需要您介绍了。

在这种情况下，最好是采用"合并同类项"的介绍法，也就是说，分别给他们选择一个适宜于他们兴趣的伙伴。如果把两个都从事于同一行业的人拉在一起，是最好不过的，因为爱好相投，职业相同，自然容易找到共同的话题。也可以把专业、兴趣相近的人介绍在一起，如把诗人介绍给音乐家，把新闻记者介绍给作家，把医生介绍给运动员等，总而言之，让他们有话可谈。

介绍时，请记住下面三条简单的礼节原则。

（1）把男士介绍给女士。即在介绍过程中，先提女士的姓名。例如：

"李小姐，让我来给您介绍三先生。"

（2）把年轻人介绍给年长者，以示尊敬长者之意。如"王教授，请让我给您介绍黄小姐。"

（3）把次要人物介绍给主要人物。一般说来，当某人在社会上知名度较大时，别人自当愿意被介绍给他。

总之，应该记住一点，介绍时先提某人姓名是一种敬意，这是放之四海而皆准的法则。

介绍时一般用询问口气为好。如，"张先生，我可以介绍李明同您认识吗？""张先生，请允许我向您介绍李明先生。"但这种介绍法比较严肃，在非正式场合下，可以采取自然、轻松的介绍法，如"我来介绍一下，张伟明先生，书法家……""诸位，我非常高兴地向大家介绍一位新朋友，他叫李永明。"还有一种更随便、亲切的介绍法，如"晴云，这是美兰"；"美兰，这是晴云。""海平，我表弟——李明。"

如果是介绍两位素不相识的人相见，除了介绍他们的姓名之外，还可简单地提一下被介绍人的特点，如："小青，这位是吴国良先生，您不是想了解一下深圳的情况吗？吴先生是地道的深圳通，你们好好聊聊吧。"作为被介绍者，应该三动点头或握手致意："很高兴能认识您。""见到您真高兴。"

未经别人介绍，我们也可能自我介绍一番，但有几个问题必须注意。

（1）避免直话相问。如"您叫什么名字？"这样显得很鲁莽，而要尽量委婉一些："请问尊姓大名？"或"请问贵姓"或"不知该怎样称呼您""您是"等。

（2）不要涉及对方的敏感区。如"您多大了？""您结婚了吗？""您有几个孩子啦？"

（3）如果未听清对方的姓名，可以说："对不起，我没有听清尊姓大名。"这时，被询问者应把姓名重复一遍。

敬烟奉茶要礼节到位

先说敬烟的礼节。在允许吸烟的场合，吸烟、敬烟也有一些礼貌的规则，只是认定"礼多人不怪"。敬烟如果一定要敬到使人头昏脑涨才罢，那是不礼貌的。

如今，在办公场所吸烟几乎都被看成是一种违反社会公德的行为，因此，只有在主人明确地邀请你抽烟时方可点烟。如果你主动地问"我抽烟你介意吗"，对方一般出于礼貌，只能回答"当然不介意"，但是烟一点着即大错铸成。你的行为已被看成没有教养。即使主人是个烟民，出于礼貌还是不要在有不抽烟的人在场时抽烟。

吸烟时一定要注意防止火灾的发生，不要把火柴梗和烟蒂随地一丢或不熄灭就丢在垃圾桶里。

一般认为，在以下场合禁止吸烟：

第一，很多人拥挤在狭小房间内；

第二，制作或整理资料文件时；

第三，接待室里没有烟灰缸时；

第四，在走廊或楼梯上行走时；

第五，坐在饭桌旁或在对方还未吃完饭时；

第六，在飞机、汽车等交通工具内。

主人在敬烟前，应询问客人是否会吸烟，如有女士在座，还应征得她的同意。如果来宾较多或同座身份高的人士都不吸烟时，则主人也最好不吸烟。在正式的会见、会谈或隆重庄严的仪式上，不允许给其他人敬烟，自己也不得吸烟。对宗教人士和信奉基督教、伊斯兰教的客人不要敬烟。

如果客人是初次来访或在商务洽谈等场合，需要敬烟时，不要直接用手取烟给客人，这样手持烟来回推让，可能使病毒、细菌传播给对方，这是很不卫生的。只要将原包打开口，把烟弹出少许，按照先客人后主人的礼遇顺序递过去，待客人取出后，主人再取出打火机或火柴，替客人点好烟。尔后自己再取出一根来吸。正在吸烟时，如果与人打招呼或说话，应将烟取下，否则将被视为不尊重对方。

如果自己正在戒烟或者不喜欢抽烟，那么即使是客人或上司敬的烟也可以谢绝。但在婚礼上，新郎或新娘敬的烟不能不接，即使自己不吸烟也要吸上几口，待人家应酬他人时再熄掉。对方一进门，主人就立刻拿烟来吸是很不礼貌的行为，至少等双方寒暄完毕，切入正题之后再拿出烟来吸。

当客人或上司取出香烟准备吸的时候，主动帮助点烟是表示敬意的做法，但是反复地去主动帮助点烟，反倒让人生厌。因此，在商务活动中，除非对方在口袋里反复寻找火柴或打火机，一般没有必要主动为他人点烟。

吸烟时，不要吸了一半就扔掉，也不要吸到烧手或过滤嘴边，才去熄灭。烟蒂应放进烟灰缸内熄灭，以免冒出难闻的烟味。

有的人吸烟时喜欢仰面朝天吐出一个又一个烟圈，这个技艺是不值得炫耀的。对着别人的面孔吞云吐雾，即使对方也是抽烟的人，这样做也是非常失礼的。

向他人敬烟之后，应主动掏出打火机或火柴为对方点烟。但要记住一次不要点两支以上的烟，点过两支烟后要重新打火再为其他人点烟。有人为了表示热情好客，一次打火要点许多支烟，甚至为此不惜烧痛了自己的手指。这样做其实是吃苦不讨好的。

再说奉茶的礼节。有客来访，待之以茶，以茶会友，情谊长久。这是我国传统的待客方式。此事虽小，却不得马虎大意。

在招待客人时，对茶具和茶叶的选择应有所讲究。从卫生健康角度考虑，泡茶要用壶，茶杯要用有柄的，不要用无柄的茶杯。目的是避免手与杯体、杯口接触，传播疾病。

茶具一般选择陶质或瓷质器皿。陶质器皿以江苏宜兴的紫砂茶具为最佳。不要用玻璃杯，也不要用热水瓶代替茶壶。如用高杯（盖杯）时，则可以不用茶壶。

茶叶的选择：外国人一般饮红茶，并在茶中添加糖、牛奶或奶油等；我国由于幅员辽阔、气候各异，各地饮茶习惯不尽相同。广东、福建、广西、云南一带习惯饮红茶，近几年受港澳台的影响，饮乌龙茶的人也多了起来。江南一带饮绿茶的比较普遍。北方（习指淮河以北）人一般习惯饮花茶。西藏、内蒙古、新疆地区的少数民族，则大多习惯饮浓郁的紧压茶。就年龄来讲，一般地说，青年人多喜欢饮淡茶、绿茶。老年人多喜欢饮浓茶、红茶。

喝茶时对茶的评价标准主要是其色、香、味。色，即水色，以液艳色秀，水底明净为上；味，即滋味，以味醇甘鲜，苦而不涩为妙；香，即香气，以甘香清郁为佳。

沏茶之前，要先洗手，并洗净茶杯或茶碗。最好当面洁具，这样可以使客人喝起来放心。还要特别注意检查茶杯或茶碗有无破损或裂纹，若有是不能用来待客的。

奉茶的时机，通常是在客人就座后，开始洽谈工作之前。如果宾主已经开始洽谈工作，这时才端茶上来，免不了要打断谈话或为了放茶而移动桌上的文件，这是失礼的。值得注意的是，喝茶要趁热，凉茶伤胃，茶浸泡过久会泛碱味，不好喝，故一般应在客人坐好后再沏茶。

上茶时一般由主人向客人献茶，或由接待人员给客人上茶。上茶时最好用托盘，手不可触碗面。奉茶时，按先主宾后主人，先女宾后男宾，先主要客人后其他客人的礼遇顺序进行。不要从正面端来，因为这样既妨碍宾主思考，又遮挡视线。得体的做法，应从每人的右后侧递送。

陪伴客人品茶要随时注意客人杯中茶水存量，随时续水。每杯里茶水不宜斟得过满，以免溢出洒在桌子上或客人的衣服上。一般每杯里应斟七分满即可，应遵循"满杯酒半杯茶"之古训。如用茶壶泡茶，则应随时观察添满开水，但注意壶嘴不要冲客人方向。

不论客人还是主人，饮茶要边饮边谈，轻啜慢咽。不宜一次将茶水饮干，不应大口吞咽茶水，喝得咕咚作响。应当慢慢地一小口一小口地仔细品尝。如遇漂浮在水面上的茶叶，可用茶杯盖拂去，或轻轻吹开，切不可从杯里捞出来扔在地上，更不要吃茶叶。

　　我国旧时有以再三请茶作为提醒客人，应当告辞的做法，因此在招待老年人或海外华人时要注意，不要一而再，再而三地劝其饮茶。

交换名片学问大

　　自从有人发明了名片之后，在交际场合使用名片成了最为平常的事情。名片被看作是个人的广告，而使用名片则是"推销"自己。名片不仅要很好地珍藏，而且要懂得怎样去使用它效果最好而且又不失礼。

　　（1）名片是你身份的介绍

　　你的名片对他人重要不重要，首先是你的地位决定的。你有多高的职位，拥有什么权力，具有什么技能，学有什么专长，都是你对别人有多大"使用价值"的基础。所以人人都很看重这些，名片上自然需要印得清清楚楚才好。

　　就从商务角度来说，名片宁可印得"实"些，不要太"虚"。有的人印名片，喜欢印上一大堆头衔，很多都是虚的，并不一定能得到别人的尊重，倒不如突出重点，把最实在的信息传达给对方。

　　名片并不是不要"虚"的，而是怎样选择，名片列上与自己生意和专业有关的名头，有时也会在交际中找到一些共同语言。做图书生意的，当然有"作家协会会员"的头衔更好；搞电脑的不妨参加当地的电脑学会。但是千万不能以此来抬高自己的身份，而只是便于多找一些共同话题来交谈，在交际中形成有趣味的对话。

（2）交换名片的顺序

交换名片的顺序一般是：先客后主，先低后高。即地位低的先把名片交给地位高的。年轻的先把名片交给年老的，客人先把名片交给主人。不过，假如是对方先拿出来，自己也不必谦让，应该大方收下，然后再拿出自己的名片来回报。当与多人交换名片时，应依照职位高低的顺序，或是由远及近，依次进行，切勿跳跃式地进行，以免对方产生厚此而薄彼之误会。

（3）交换名片的礼仪

与国人打交道递接名片通常是在自我介绍或经人介绍后进行。美国人此时一般不送名片给对方，只是在双方想保持联系时才送。接受他人名片时，应毕恭毕敬，马上说一声"谢谢"。如果可能的话，一定要用半分钟左右的时间从头至尾认真默读一遍对方的名片上所载内容，不懂之处可以当即向对方请教，若把握不准的名字也不去请教，要是真的读错或叫错了，那就失礼了。还可以有意识地读出声音来再重复一下对方名片上所列的职务或单位，以示仰慕。

接受别人名片之后，理应随即将自己的名片递过去，如果这时到处寻找或错把别人的名片送给对方则是严重失礼的。

在递送自己的名片时，用双手或右手捏住名片的两个或一个角递上，千万不要用食指和中指夹着名片给人。名片上的字体正面朝向对方，目的是让对方能够直接读出来。这时应和对方说："请多关照"、"请多多指教"或"希望今后能够保持联系"等等，以示客气。

与国人打交道，递接名片应用双手。与外国人打交道一般只用右手就可以了。因为在印度和中东的一些国家，左手被认为是不洁的，只用以洗澡或上洗手间。与这些国家的朋友交往，切记不要用左手接触对方，也不要用左手为之传递物品。

倘若自己暂时没有名片进行交换时，不宜说："我们单位小，都没印名片"或"我没有职务"或"印不起名片"等等，这样说有损自己公司形象，同时也贬低了自己，所以不可取。合乎商务活动惯例的说法："很抱歉，我的名片刚刚用完"或"对不起，我没带名片"，不愿与之交换名片时也可用上述说法，这实际上是"善意欺骗"。这是维护自己形象和自我保护的重要做法。

（4）名片的忌讳

①忌胡乱散发

要有的放矢地使用名片，切忌乱散发，即传单式地发放，其实喜欢散发自己名片的人，会给人一种极不爱惜自己名片的感觉。

②忌逢人便要

不能像在收集名片似的，逢人便要。其实过分地热衷于名片的交换，反而有失礼仪，使人敬而远之，甚至遭人鄙视。索取他人名片的正确做法是欲取之必先予之，即把自己的名片先递给对方，以此来求得对方的呼应。或暗示自己的意愿，如对长辈、地位高的可以说："今后怎样向您请教？"对平辈、晚辈和与自己地位相仿的可以说："如何与您保持联系？"等等。

③忌收藏不当

名片最好放在专门收藏名片的皮夹、名片盒或名片夹里存放。把名片放在钱包和月票夹内的做法都是应当避免的。因为自己在递出名片时还要把它们拿出来亮相一番，这是很不雅观而又失礼的，把别人的名片乱塞乱掖同样失敬。

名片和收放名片的夹子，应避免放在臀部后面的口袋内，名片是个人身份的代表，对它应像对待其主人一样尊重和爱惜。

④忌玩耍名片

在交谈时不要拿着对方的名片玩耍，亦不要当着对方的面做谈话记录。

第四章
解决社交风险的软招

——在无声处听惊雷

必须承认社会的复杂性，在社交场合，你会碰到各种各样的人和事，如果没有一点防范意识，就很容易在明枪暗箭的攻击下中招落马。但是社交场毕竟不是战场，最有效地保护自己的方式不是立马横刀的硬招，而是于无声处听惊雷的软招。

审视自己的同船之人

我们都知道，现实中的绝大部分事业，都是不可能靠单打独斗完成的。在很多时候，面对着隔岸的目标，要想成功越过中间横亘着的惊涛骇浪，我们必须有同舟共济之人。

"同舟共济"本来的意思，只是大家同乘一条船过河。而现在的意义则是指在困难面前，彼此能够互相救援，同心协力。在通常情况下，同舟共济之人是应当齐心协力乘风破浪的。但天下没有不散的筵席，建立在一定利益基础之上的"同舟"，总有各奔东西的一天。那么，在"同舟"的时候到底应该如何做呢？事实上，在一些时候，同舟之人未必总能共济，因此，我们有必要多长点心眼儿，予以防备。因为一旦同舟之人对你动手脚，那肯定会是又阴又毒的，甚至能一下子置你于死地。

王安石在变法的过程中，视吕惠卿为自己最得力的助手和最知心的朋友，一再向神宗皇帝推荐，并予以重用。朝中之事，无论巨细，王安石全都与吕惠卿商量之后才实施，所有变法的具体内容，都是根据王安石的想法，由吕惠卿事先写成文及实施细则，交付朝廷颁发推行。

当时，变法所遇到的阻力极大，尽管有神宗的支持，但能否成功仍是未知数。在这种情况下，王安石认为，变法的成败关系到两人的身家性命，并一厢情愿地把吕惠卿当成了自己推行变法的主要助手，是可以同甘苦共患难的"同志"。然而，吕惠卿在千方百计讨好王安石，并且积极地投身于变法的同时，却也有自己的小算盘，原来他不过是想通过变法来为自己捞取个人的好处罢了。对于这一点，当时一些有眼光、有远见的大臣早已洞若观火。司马光曾当面对宋神宗说："吕惠卿可算不了什么人才，将来使王安石遭到天下人反对的事，一定都是吕惠卿干的！"又说："王安石的确是一名贤相，但他不应该信任吕惠卿。吕惠卿是一个地道的奸邪之辈，他给王安石出谋划策，王安石出面去执行，这样一来，天下之人将王安石和他都看成奸邪了。"后来，司马光被吕惠卿排挤出朝廷，临离京前，一连数次给王安石写信，提醒说："吕惠卿之类的谄谀小人，现在都依附于你，想借变法之名，作为自己向上爬的资本。在你当政之时，他们对你自然百依百顺。一旦你失势，他们必然又会以出卖你而作为新的进身之阶。"

王安石对这些话半点也听不进去，他已完全把吕惠卿当成了同舟共济、志同道合的变法同伴。甚至在吕惠卿暗中捣鬼被迫辞去宰相职务时，王安石仍然觉得吕惠卿对自己如同儿子对父亲一般地忠顺，真正能够坚持变法不动摇的，莫过于吕惠卿，便大力推荐吕惠卿担任副宰相职务。

王安石一失势，吕惠卿被厚脸掩盖下的"黑心"马上浮上台面。他不仅立刻背叛了王安石，而且为了取王安石的宰相之位而代之，担心王安石还会重新还朝执政，便立即对王安石进行打击陷害。先是将王安石的两个弟弟贬至偏远的外郡，然后便将攻击的矛头直接指向了王安石。

吕惠卿的心肠可谓狠得出奇。当年王安石视他为左膀右臂时，对他无话不谈。一次在讨论一件政事时，因还没有最后拿定主意，王安石便写信嘱咐吕惠卿："这件事先不要让皇上知道。"就在当年"同舟"之时，吕惠卿便有预谋地将这封信留了下来。此时，便以此为把柄，将信交给了皇帝，告王安石一个欺君之罪，他要借皇上的刀，为自己除掉心腹大患。在封建时代，欺君可是一个天大的罪名，轻则贬官削职，重则坐牢杀头。吕惠卿就是希望彻底断送王安石。虽然说最后因宋神宗对王安石还顾念旧情，而没有追究他的"欺君"之罪，但毕竟已被吕惠卿背后的刀子刺得伤痕累累。

人际交往中，永远都不乏这样的人，当你得势时，他恭维你、追随你，仿佛愿意为你赴汤蹈火；但同时也在暗中窥伺你、算计你，搜寻和积累着你的失言、失行，作为有朝一日打击你、陷害你的秘密武器。公开的、明显的对手，你可以防备他，像这种以心腹、密友的面目出现的对手，实在令人防不胜防。所以，同舟者未必共济，与人共事时务必要多留防范心。

要学会用"拟态"和"保护色"

在动物世界里，"拟态"和"保护色"是很重要的生存法宝。"拟态"一般是指动物或昆虫的形状和周围的环境很相似，让人分辨不出来，从而达到保护自己的目的。例如有一种枯叶蝶，当它停在树枝上时，褐色的身体就像一片枯叶一般。"保护色"是指身体的颜色和周围环境的颜色接近，当它在这个环境里时，它的天敌便不易找出它来。比如蚱蜢好吃农作物，它的身体是绿色的，这颜色便是它的保护色。

因为有"拟态"和"保护色"，所以大自然中一些较弱的生物才能世代繁衍，维持起码的生存空间。

在人的世界里，同样也有"拟态"和"保护色"的行为，最具体的例子便是间谍。从事这种工作的人要隐藏自己的身份，并且要避免被人识破，他们所使用的"拟态"和"保护色"就是在角色扮演上尽量和周围人接近，让人分不出他是"外来者"。所以间谍要执行任务时，都要先模拟当地人的生活，穿当地人的衣服，说当地人的话，吃当地的食物，研究当地的历史、民俗，为的是把自己"变成"当地人，以免被人辨识出来。这是人类对"拟态"和"保护色"的运用。

当然，我们不是间谍，可是在险象环生的人生征程中，我们有必要对"拟态"和"保护色"有所了解，并且好好运用。尤其当我们和周围环境相比较呈现明显的差异时，更应该好好运用这两种能力。

例如：初到一个新单位，应尽量入乡随俗，认同这个单位的文化，随着这个单位的节奏呼吸；也就是说，遵守这个单位的规矩和价值观念。这是寻找"保护色"，避免自己成为与周围环境格格不入的人，否则会造成别人对你的排挤；如果你一意孤行，自以为是，那么苦日子必定跟着你。当你的"颜色"和周围环境取得协调后，你已成为这个环境中的一分子，而达到"拟态"的效果。到了这个地步，你起码的生存环境就已经营造好，不致发生问题了。

"拟态"的特色之一是静止不动，有"保护色"，又静止不动，那么谁也奈何不了你。因此，为了避免不必要的灾祸，有时需要遵守"静止不动"的原则，也就是说，不乱发议论，不结党营私，好让人对你"视而不见"，那么就可以把危险降到最低程度。

有些人在家被抢，是因为房子装潢得太漂亮，让人一看就以为是有钱人家；有人半夜遇劫，是因为戴着名贵首饰。这是因为他们不知"拟态"和"保护色"的作用，相形之下，有些大富翁出门一袭粗衣，以计程车代步，这种人就深懂"拟态"和"保护色"的奥妙。

"拟态"和"保护色"的本能是生物演进的结果，"弱者"有，"强者"也有。"弱者"是为了自身安全，"强者"则是为了更好地出击进攻去攫取猎物。大自然的奇妙，其实也一样存在于人性丛林之中，这很值得我们好好体会。

锋芒毕露者最容易受伤害

俗话说"出头的椽子先烂"，说的是做人不可太露头的道理，《庄子》中的"直木先伐，甘井先竭"说的也是这个道理，挺拔的树木容易被伐木者看中，甘甜的井水最容易被喝光。同样，在人生的竞技场上，不加选择而处处锋芒毕露的人很容易受到伤害。

当然，人要向着胜利的终点奋斗。"显露才华"作为一种必要的进取手段，还是要施行的，但一定要掌握好时机，同时，"露"还要掌握一定的方法和技巧。否则，容易招致忌妒和猜疑，使得人在进取的道路上平添不必要的麻烦和阻力，妨碍自身才能的发挥，自身的才能也无法充分"露"出来。另外，"露"是为了做好事，而非显出别人的能力低，恃才傲物，目中无人不可取。简言之，即态度要端正。

三国时，曹操军营中有个主簿，名叫杨修，才华横溢，思维敏捷，但后来却因恃才傲物，最终被曹操以造谣惑众、扰乱军心之罪而斩首。

曹操曾建造一个园子，造成后，曹操去看时，没有发表任何意见，只挥笔在门上写了一个大大的"活"字，众人不解，只有杨修说："门里添个'活'字，就是'阔'了，丞相嫌这园门太阔了。"众人这才恍然大悟，工匠赶紧翻修。又过几日，曹操再来看时，见园门按自己的意思改了，心里非常高兴。但是当他得知是杨修把他的意思猜透时，嘴上不说，心里却已经开始妒忌杨修了。

古语云："木秀于林，风必摧之；堆出于岸，流必湍之；行高于人，众必非之。"杨修便是那秀于林之木，然而他"秀"的有些不是地方。他总是在无关重要的地方炫耀自己的才能，以致招来曹操的妒忌。才能用错了地方反而加速了失败。后来，终因耍小聪明点破曹操的心计而被借故斩首。

后人有两句诗叹杨修之死，诗曰："身死因才误，非关欲退兵。"这两句诗可说是一语道破杨修的死因。老子曾说过一段话，"不自见，故明；不自是，故彰；不自伐，故有功；不自矜，故长。"也就是说，为人要谦虚诚恳，不可锋芒毕露，盛气凌人。

看来，露与不露，关键在"度"，在时机，抓住机遇露一把，就可能一鸣惊人，功成名就。切不可露而无方，否则一步不慎，就可能事事不顺，倒霉透顶。这一点，杨修的例子或许能给我们带来一些现实的启示。

在现实生活中存在着这样一种自视颇高的人，他们锐气旺盛，锋芒毕露，处事不留余地，处处咄咄逼人。他们往往有着充沛的精力，很高的热情，也有一定的才能，但这种人却往往在人生旅途上屡遭波折。有一位分配到某单位的大学生，他下车间伊始，就对单位的这也看不惯，那也看不顺，未到一个月，他就给单位领导上了洋洋万言的意见书，上至单位领导的工作作风与方法，下至单位职工的福利，都一一综列了现存的问题与弊端，提出了周详的改进意见。他的所作所为招来了众多的妒忌和排斥，结果被退回学校再作分配。

作为一个只知锋芒毕露而不知自我防护者的典型，这位大学生由于在工作上又不注意讲究策略与方式，结果不仅妨碍了个人才能最大限度地服务于社会，还招来了妒忌和排斥。

要及时认清对方的真实目的

每个人都有私心，人们做什么事都是先考虑到自己的利益，假如有人拼命为你着想，那你就要小心了，也许对方正在打什么歪主意呢！丁宇就吃过一回这样的亏。

丁宇的顶头上司朱经理终于升为总经理了，而丁宇却因此负债累累，只能东躲西藏。事实上，正是丁宇的负债累累换得了朱经理的高升，故事的来龙去脉是这样的：

那天，丁宇去银行取款，打的回来，到了公司门口，下了车才发现皮包破了，钱丢了一半，天啊！整整 19 万啊！丁宇吓得脸色苍白，飞奔着跑到朱经理的办公室详细汇报了情况，他沉默了一会儿说：

"这件事千万不能让人知道！"

"什么意思呢？"

丁宇不明白他话里的意思。

他诚恳地为丁宇分析："你是非常正直又认真的人，这一点我知道。你刚才所说的，大概也不是谎话，但是，公司会怎样想呢？"

丁宇默不作声、不知所以，还是没有明白他的意思。

朱经理说："公司也许会认为，这个职员说是遗失钱款，说不定是拿进自己的腰包里。大部分人一定会这么认为的。我是十分信任你的，我肯定不这么认为，但是公司一定会持这种看法。你还年轻，可以说前途无量。如果被公司怀疑了，你以后的日子怎么过呢？我是为你担心啊！"

丁宇一下被他的话震呆了，全身颤抖。

"19 万元的确不是一笔小数目。但是，它却换不回你的大好前途。我若是你，不会把这件事张扬出去，而会想办法补足这一笔款项。"

丁宇咀嚼着他的话，不知不觉中觉得他的话越来越有道理——那家伙说钱是被人偷走，其实全都放进自己的口袋里了——同事的这些指指点点如在耳边。就依经理所说的，想办法填补这 19 万元吧……

经理听后，大加赞赏："这才是最明智的做法。"然后又加上一句："为了你的将来，我绝对不会对任何人说。所以，你千万也不要对任何人提起这事。"

丁宇拿出了自己和父母的积蓄，又托朋友向别人高利息借了钱，补足了丢失的贷款。

后来，丁宇明白了，朱经理把这件事隐藏起来，说是为丁宇着想，其实完全是为自己。

丢了这么多钱，他作为丁宇的上司也要负很大责任，作为工作失误，丁宇当然会受到处罚，但境况总比经理要好，同事也未必如他说的那样怀疑丁宇。

与人交往时，头脑要保持清醒，千万不要被人家骗得说东是东，说西是西，要学会客观地分清前因后果，而不是被人牵着鼻子走。

当我们遇到事情，特别是遇到让人措手不及的事情时，我们就会希望有人能帮我们出出主意，指点一下迷津，这时候就要注意两个问题：一是尽量不要找与这件事有关的人想办法，很明显，他也是当事人，他一定会希望事情朝着有利于自己的方向发展，你找他帮你出主意，无异于与虎谋皮，他不肯帮你出主意还算好的，万一他帮你出点什么馊主意，你可能就会因此而无法翻身了。在这个故事中，朱经理明明应当为丢钱的事承担一部分责任，他却摆出一副事不关己的样子，为了保住自己的职位，将过失全部转到丁宇头上，在丁宇还没弄清事情的严重程度前让他成了唯一的牺牲品，不要怪朱经理太奸诈，关键是丁宇没有必要的警觉心，所以才会糊里糊涂地上了人家的当。丁宇本来就应该想到的，朱经理热心给自己出主意的背后，肯定有为他自己打算的想法，"人心隔肚皮"，太相信别人就只会让自己受到伤害。

世界上有全心全意为别人打算的好人，但大多是在事不关己的情况下。总之，遇事别太相信别人，自己考虑清楚再做决定才不会吃亏。

警惕"甜头"背后的"苦头"

钓鱼的人要下饵，骗子往往诱人以小利，许多"聪明人"在见到"甜头"的时候，就忘了"天上不会掉馅饼"的道理，不加防备地走进人家设好的圈套，以至于不得不独自品尝更大的"苦头"。

11岁的布鲁克林和父亲在芝加哥一条热闹的大街上漫步。经过一家服装店，门口站着一个笑容可掬的圆脸男子。他一见布鲁克林他们，立刻向他父亲伸出手来，一副兴高采烈的样子，嚷嚷道："先生您请进，欢迎您光临本店！我们有一种漂亮的服装，配您的身材再好不过了！今天大减价，您可别错过良机啊！"

布鲁克林的父亲说："不，谢谢！"他们继续散步。布鲁克林回头扫了一眼，那位能说会道的推销员又缠上了另一个人。他抓着那人的胳膊，边向他介绍一种蓝色带条纹的套装如何如何，边拉着他进了店铺。

"这对康纳利兄弟呀，"父亲轻轻笑道，"他们靠装耳朵聋赚的钱已经供三个孩子上了大学。"

奇怪，装聋也能发财？接着，父亲为布鲁克林解开了疑团。

原来，两兄弟中的一个把顾客哄骗进店里，劝说顾客试试新装是易如反掌的，这样前前后后摆弄一阵，顾客最后总要问道："这衣服价钱多少？"

这位康纳利先生就把手放在耳朵上大声说："你说什么？"

"这服装多少钱？"顾客高声又问了一遍。

"噢，价格嘛，我问问老板。对不起，我的耳朵不好。"

他转过身去，向坐在一张有活动顶板的写字台后面的兄弟大声叫道："康纳利先生，这套全毛服装定价多少？"

"老板"站了起来，看了顾客一眼，答话道："那套吗？ 72 美元！"

"多少？"

"七十二美元。""老板"喊道。

他回过身来，微笑着对顾客说："先生，42 美元。"顾客自认为走运，赶紧掏钱买下，溜之大吉。

这场骗局的妙处，就在于康纳利兄弟的狡猾欺诈与顾客急不可耐的上钩配合默契。生活中这类事情也屡见不鲜。

一天，牛大爷去城里看望儿子儿媳，走到半路上，突然见到一个精美的首饰盒滚到他的脚边。身旁的一个小伙子眼尖手快，急忙捡了起来，打开一看，里面竟然有一条金项链，还附着一张发票，上面写着某某饰品店监制，售价 2800 元。牛大爷当即拽住小伙子，让他在原地等候失主；可是等了老半天，还是没人来领。

那个小伙子便小声提议两个人私分，说："给我一千元，项链归你。"边说边朝巷口走去。牛大爷一听，这怎么可以，但是看看项链，心里就有点动摇了。他心想："我可以把它送给我的儿媳妇，当年她嫁过来的时候，我们手头不宽裕也没怎么给她买过东西。这次去看他们，正好把这个项链送给她，她一定会很高兴的，这也是我这个做公公的一番心意嘛。"

牛大爷的犹豫没有逃过小伙子的眼睛，他更是一个劲地说这条项链有多好，今天运气好才会遇到的。牛大爷经不住小伙子的游说，便说："可是我没有这么多钱，我是来城里看我儿子的，身上只带了八百块钱。"

小伙子故作大方地说："这样呀，没关系，我就吃点亏，谁叫您年纪比我大呢？"

于是，牛大爷就把好不容易凑到的八百块钱给了小伙子，拿着那条金项链美滋滋地向儿子家走去。

一到儿子家，他便把路上的事情跟儿子儿媳说了，还拿出那条金光闪闪的项链送给儿媳妇。小夫妻俩一听就不对，果然，那条项链根本就是假的。

牛大爷这才恍然大悟，原来人家设了一个陷阱让他跳，他非常懊恼，因为那八百块是准备给还没出生的小孙子买东西的。

牛大爷因为贪吃天上掉下来的馅饼而掉进了圈套中，其实，这些陷阱都是人们自己挖掘的；而人生最可怕的，莫过于跳进自己亲手挖下的陷阱中！

一分辛苦一分收获，世界上没有不劳而获的事情。不要被突如其来的实惠或好运迷惑，其实天上是不会掉馅饼的，然而生活中的陷阱实在太多了。金钱、名誉、地位、美女、机遇……其实所有的陷阱都有一个共同特点：就是抓住人们爱贪便宜的心理，使人像中了魔似的不能脱身，毫不犹豫地掉进陷阱里。掉进陷阱里的人，全都是因为贪恋不该属于自己的东西，被不属于自己的东西所诱惑，结果总是得不偿失的。

有时候仅需要蝇头小利，就可以让一些"聪明人"受骗，生活在这样一个充满诱惑的时代，你需要保存一分对世事的清醒，面对诱惑多一些思索、多一分清醒，就不会被生活的陷阱欺骗、套牢了。

是非之中要多算计

如果在人生的战场上，一不留神不幸陷入了一个尔虞我诈的"迷魂阵"。那么，此时免除被人暗算的最直接的方法，就是你比他多算一步。这是人际智慧较量。就好比下棋，对方能算到第三步将你的军，你能在第四步暗伏一个笨象留作后手，即使不能反败为胜，起码也能先保自己大难不死。

春秋时，楚平王无道，宠信奸臣费无忌，荒废国政，父纳子媳，朝纲不振，法纪荡然。时太子建居于城父（地名），统兵御外，平王又信谗言疑太子谋反，乃召太傅伍奢询问。伍奢说："大王纳太子妃充实后宫，已经有背人道；又疑太子谋叛，太子是大王骨肉至亲，难道大王竟信谗贼之言，而疏父子之信乎？"平王既惭且怒，就把伍奢囚禁监牢。

费无忌乘机进谗："启奏大王，伍奢有两个儿子，一名伍尚，一名伍员，皆人中之杰。他们听到父亲被囚，安有坐视之理？必投奔吴国，为大王心腹之患。不如使伍奢函召二子来都，子爱其父，必能应召而来。那时斩尽杀绝，岂不免除后患？"平王大喜，即命伍奢作书如子。伍奢说：

"臣长子伍尚，慈温仁厚。臣召之，或可来。次子伍员，为人警惕机智。见臣被囚狱中，安敢前来送死？"平王说："你但写无妨！"

伍奢只得奉旨作书。平王遣使者至城父，以书示伍尚，备致贺意说："大王误信人言囚尊翁，得群臣保奏，谓君家三世忠良，宜即开释，大王即刻省悟，即拜尊翁为相国，封君为鸿都侯，封令弟为盖侯。请即上道面君，以慰尊翁之望。"伍尚一点也不怀疑，看完信就转交伍员。

伍员，字子胥，有经文纬武之才，扛鼎拔山之勇。反复拜读父亲的来信后，他觉得其中颇多疑问，说："平王因我和哥哥在外，不敢加害我父。用父亲的信来诱我二人前往，好一同杀掉，断绝我们报仇的念头。兄看信以为真，则大谬矣。"伍尚以父子之爱，恩从中出，即使同遭大戮，亦无遗憾。伍员则以与父俱诛，无益于事，坚不前往。兄弟二人，遂各行其是，伍尚以殉父为孝，伍员以报仇为孝，于是分道扬镳。伍尚至都城，果与老父伍奢并戮于市；伍员则逃至吴国，佐公子姬光，取得吴国王位，是为吴王阖闾。及楚平王死，其子轸即位，为楚昭王。

伍员在吴，听到楚平王已死，日夜于吴王前请命伐楚。吴王准许之，遂陷楚都郢城，楚昭王出奔。伍员遂掘平王墓，出其尸，鞭之三百。

伍子胥能见机识诈是他的高明处，有了多算的这一步，才有了他后来的奇功。伍子胥计高一招后采取的是逃跑的办法，但如果你逃无可逃又当如何？

有一种说法，就是"真正聪明者，往往聪明得让人不以为其聪明"。这话不无道理。古往今来，聪明反被聪明误者可谓多矣！倒是有些看似"笨"的人，却成为事实上最聪明的人。

洪武年间，朱元璋手下的郭德成，就是用一种最笨的做法达到了自己的目的。

当时的郭德成，任骁骑指挥。一天，他应召到宫中，临出宫时，明太祖拿出两锭黄金塞到他的袖中，并对他说："回去以后不要告诉别人。"面对皇上的恩宠，郭德成恭敬地连连谢恩，并将黄金装在靴筒里。

但是，当郭德成走到宫门时，却又是另一副神态，只见他东倒西歪，俨然是一副醉态，快出门时，他又一屁股坐在门槛上，脱下了靴子——靴子里的黄金自然也就露了出来。

守门人一见郭德成的靴子里藏有黄金，立即向朱元璋报告。朱元璋见守门人如此大惊小怪，不以为然地摆摆手："那是我赏赐给他的。"

有人因此责备郭德成道："皇上对你偏爱，赏你黄金，并让你不要跟别人讲，可你倒好，反而故意露出来闹得满城风雨。"对此，郭德成自有高见："要想人不知，除非己莫为，你们想想，宫廷之内如此严密，藏着金子出去，岂有别人不知之道理？别人既知，岂不说是我从宫中偷的？到那时，我怕浑身长满了嘴也说不清了。再说我妹妹在宫中服侍皇上，我出入无阻，怎么知道皇上不是以此来试一试我呢？"

如此看来，郭德成临出宫门时故意露出黄金，确实是聪明之举。从朱元璋的为人看，这类试探的事也不是不可能发生。郭德成的这种做法，与一般意义上的大智若愚又有所不同，他不只是装傻，而且预料到可能出现的麻烦，防患于未然。

在是非之境多留心，小则不会轻易被是非缠身，大则能让自己顺利避开明枪暗箭，从而保全己身。

第五章

跨越社交陷阱的计策

——解决人际关系的难题

人们常有"交友容易交心难"的感叹，并由此视所有的社交活动为虚伪和利益的活动。其实这里就有一个心态问题，因为"交心"只适用于社交圈子中的极少数人，你却指望所有人都与你推心置腹，自然会因巨大的失落导致心态失衡。

志趣不同的人难以成为朋友

我们和熟识的人相遇，可能是点头一笑，或打一声招呼、寒暄一番，再分手告别；与朋友相遇，一定是眼前一亮，再相拥相抱，开怀畅笑，你一言，我一语，对方的一个举动，一个眼神，另一方都会心领神会，不用多言，这就是朋友。那么，什么样的人容易结交成朋友呢？一个共同的话题，共同的兴趣，或一个共同的爱好，都可能促成双方成为朋友。相反，志趣不同的人就难以成为朋友。

"道不同，不相为谋"，这是古人总结出来的，经过几千年的验证，依然被人们认同着。这里的道也包含志趣的意思，没有共同的志趣，双方之间缺乏一个共同的桥梁来沟通，很难想象二人能成为朋友，即使走到一起，也是矛盾冲突不断。在某高校的宿舍中，有同学 6 人，新学期刚到时，大家还能合得来，但时间一长，这 6 位同学就表现出了两种兴趣，巧的是，两种兴趣各有 3 人，有 3 位同学沉溺于网络游戏，每天是一道出去，再一道回来，每天谈的也是游戏中的虚拟世界；而另三位却是球迷，不是踢球就是看球，两方人如果都在宿舍，若有一方谈起他们的爱好，那么另一方要么是不插嘴，要么就是冷言冷语，这样宿舍关系就搞得很僵化，双方也是互相看不起。

中国古代的"管宁割席"的故事，应该是"道不同，不相为谋"的最好例子。

管宁和华歆在年轻时是一对很亲密的朋友。一次，他俩在园中锄地时发现地上有块金子。

管宁继续锄地，把金子看成是瓦石，而华歆则捡起了金子。又一次，两人一齐坐在炕席上读书，忽然听到外面鼓声震天，有位达官显贵乘坐华丽的马车经过门前，管宁仿佛没有听见一样，埋头读书，而华歆却连忙丢下书本，跑到街上去看，露出羡慕不已的神气。管宁见此情景，就再也不愿与他为友，于是就用刀子把炕席一割为二，不跟华歆坐在一起了。

最容易与我们成为朋友的，有与我们并排而坐的共同求知的同学，也有和我们面对面相坐的办公室的同事。共同的条件、共同的经历极易促成互相之间成为朋友。但是即使成了朋友，那么，维系朋友继续交下去，依然是双方之间共同的情趣在起作用。

如今的社会，是一个彰显个性的时代，人们喜欢标新立异，性格和爱好各不相同，这让我们寻找一个志同道合的友人就更难。但这并不意味着应该放弃交到知心好友的努力，我们一方面可以通过自己的学习，拓展自己的志趣空间；另一方面尽量以宽容的胸怀，容纳志趣不尽相同的人。这样可以最大限度地减少与他人之间的隔阂，让不同的志趣成为互补的因素，而不是交友的障碍。

立场不一难以相互包容

如果二人代表的利益不同、立场不一，那么这二人恐怕终生不能成为朋友，并有可能互相排斥，互相看不起。如果双方立场对立，那么二人可能将对方视为自己的敌人。尽管司马懿也能听懂诸葛亮的琴声，但司马懿并不是诸葛亮的知音，也许诸葛亮生平遇到的最大劲敌就是司马懿，但他也没有惺惺相惜的意思。两人立场的对立，使他们终生只能以兵戎相见。

有人说：最成功的人在于拥有最多的朋友，而拥有的敌人却是最少的，在前进的道路上，我们不希望看到有劲敌阻挡着我们前进的路，我们总希望有很多的朋友能够在危难时刻助我们一臂之力。于是，我们尽量不去树立敌人，即使有一两个对手，我们也力争化敌为友。然而，立场不一，是很难让双方走到一起的。于是，我们不免羡慕羊祜和陆抗这一对处在对立立场而又是朋友的古人了。

羊祜与东吴大将陆抗在边境对峙，双方的使者常常互相来往。陆抗送给羊祜的酒，羊祜喝起来从不怀疑；陆抗生病，向羊祜求医，羊祜把成药送给他，陆抗也立刻服下。

许多人劝阻陆抗，陆抗说："羊祜怎么会用毒杀人？"陆抗对守边的士兵说："别人专门行恩惠，如果我们专门为暴虐，这样就等于还没打仗，自己就已经屈服了。现在双方各自保住边界就可以了，我们别想占什么小便宜。"

孙皓听说双方在边境互相和好，就责问陆抗，陆抗说："一邑一乡都不可以不讲信义，更何况大国呢？我如果不这样做，正是彰显羊祜的恩惠，对羊祜丝毫也没有损伤。"

能做到像羊祜和陆抗这样，超越各自的立场而能成为至交好友的，是因为双方宽阔的心胸、互相的谅解、互相的信任，如果没有以上二位古人的心胸，是很难走到一起成为朋友的。

立场不一，就容易引发矛盾，产生冲突，这样就没有友情可言。我们在不断结交与自己立场相近的朋友时，也希望能与不同立场的人成为朋友，这时候，要想相处得融洽，就涉及方法的问题。

小林是个不修边幅的人，这虽属生活小节，但若与喜欢洁净的人在一起，"立场"肯定会严重对立起来。一次，朋友请他赴宴，他依然穿着不得体，朋友告诉他以后注意点，要修饰修饰自己。小林听了，马上笑嘻嘻地说："感谢不吝赐教，下不为例。"却照样我行我素。

现代人越来越强调个性，倘若小林脸一沉，或者干脆一走了之，也不是奇怪的事。

小林在面对与自己思想立场不同的朋友，选择的是顺从，也许这种顺从并不是来自真心的，却保住了朋友之间的友谊。

如果各执己见，互不相让，到最后肯定是不欢而散。

王先生和李先生坐在一起聊天，天文地理，古今中外，很是投机，两人都十分高兴。后来，当他们谈到某件事的时候，各持己见，为了证明自己是对的，两人旁征博引，声音越说越高，最后的言语都快碰撞出火花了，终于不欢而散。

因此，对于立场不同的朋友，我们不得不抱有一颗宽容的心，为了巩固友谊，我们有时还是保留观点、避免无谓的争执为好。

义与利的失衡让友谊变质

古人很早就强调"千金难买一知音",然而,遗憾的是,人们一直在做着相反的交易。在利益面前,背叛朋友、忌妒朋友,更有甚者将朋友置于死地。

通过朋友介绍,阿明进了朋友所在的一家日用品公司做业务,不仅找到了工作,而且有朋友陈磊照顾,真是好运气!在接下来的日子里,阿明尽心尽责,经理也总表扬阿明对工作认真负责,办事能力强。就在这时,公司决定在国庆长假期间搞个大规模促销活动,阿明被分在了海淀区。要知道,海淀区聚集了最大的几家商业网点,这说明领导对阿明的信任。

阿明很高兴地跑到陈磊面前,和他分享自己的快乐,谁知陈磊狠狠地瞪了阿明一眼,冷冷地说道:"你真有本事呀,刚来没几天就把我的位置给占了,我引狼入室,真是瞎了眼。"说完就气呼呼地离开了办公室。阿明呆呆地站在那里,不明白自己究竟做错了什么。这时,旁边的一位同事走到阿明身边,说道:"海淀区以前一直是他负责的,你一来他就被调到通州区了,所以他才会这样,你别介意,好好干就行了。"阿明笑着点了点头,可心里有种说不出的滋味。

回到家,阿明想了很久,终于决定第二天一早去找经理,要求与陈磊对调所负责的区域。

可到了第二天一切又都变化了,经理把他调到了物流部,负责所有城区货物的安排和调拨,这个位置显然更好,阿明就没再说什么。紧接着，他们就开始了紧张的前期协调工作。阿明每天早上到公司签到，然后就一整天跑商场，跑超市，协商促销事宜。而陈磊也临时被调到了其他办公室，他们几乎很难有见面的机会。阿明更没把那件事放在心上，心想，等这阶段工作忙完了，再找他好好谈一谈也不迟。于是阿明便全身心地投入到了工作当中。

经过努力，阿明负责的几家店，都同意重新备货，进行店内促销。但有一家商场只同意做短期的促销，过后不再留任何存货。所以他们要把货拉过去，未卖出的货物还要全部拉回来。可为了拓展公司产品的销路，占据更大的市场，只得将就了。

9月份的最后一天，阿明与物流部负责人约好，等那家商场晚 9：30 清空客人后，他们便开始进货。谁知等到 9：40，依然没见到公司的车来，阿明赶紧往公司打电话，才得知今天负责进货的人临时改成了陈磊。阿明又急忙给陈磊打手机，起初一直没人接，直到阿明打了十来遍，才听到了他不紧不慢的声音："车临时出了些故障，估计 10：30 能到。"说完便挂了。起初阿明还有些生气，可一听到他的说法也就只好等待了。阿明连忙去找两个商场负责人，说了一车子好话，才被勉强特殊照顾到 11：30，这样满打满算，也只能刚好把货物布置完毕。

11 点，货终于运到。阿明二话没说，就帮忙去搬货，尽量争取时间。直到把所有的货物都搬到展地，布置好。一看表，已是 11：25。商场负责人示意让他们赶快离开，可阿明还没有来得及核数，这时陈磊笑着向阿明走来，说："快，签个字，别耽误别人休息。"

阿明犹豫地说道："可是我还没有核数啊。"

他笑着说："不至于吧，连我都不信任，如果你不相信我的话，我可以明天一早陪你来点数，没关系。"

阿明赶紧说："我不是不相信你，只是觉得应该遵守工作程序。"阿明边说边在接货单上签上了自己的名字。

回去的路上，阿明向他解释分配区域时的误会，他竟主动向阿明道歉，说当时一时脾气不太好，希望阿明别生气。阿明笑了："我们是哥们嘛，别这么客气。"这时，心里好似有一块石头落了地。

国庆过后，休了两天假，回来后经理就把阿明叫去了，把进货量与退货量的单子以及商场销量表都抛向了阿明，说："你负责的那家商场丢了五千多元的货，你怎么解释？"

阿明一听傻了！拿起来一算果真丢了 5100 元的货。怎么可能会这么多呀？阿明一下子像意识到了什么，向经理说了一句，我要去查一查。便快步走出了经理办公室。阿明找到了陈磊，把他叫到了外面。陈磊笑着说道："我怎么会知道，数是你点的，字是你签的。"

这时，阿明已经意识到发生了什么事情。阿明火冒三丈，向陈磊嚷道："我要将此事告诉经理。"

"你告到哪里我也不怕，白纸黑字是你签的。"说完，他便转头回了办公室。

阿明思考了很久，没有真凭实据，没办法，赔吧，总不能被人当贼吧。阿明将想法告诉了经理，他说要考虑一下。几天后经理告诉阿明，他经过调查了解到了一些情况，不用阿明赔了，只要阿明今后好好工作作为补偿。

随后陈磊没有来上过班，两个人也没有了联系。

像陈磊这种人，是永远也没有长久的朋友的，不能将利益正确对待和摆放，一旦利益失衡，那么他就不会顾及你这个朋友之情了。

很好的一对朋友，却因为一方的心术不正，而弄得两人互不往来，我们在时常警醒自己不要见利忘义之时，也该考虑自己在利益面前，该怎样与朋友分享。学会了与朋友分享，也就得到了快乐。

和朋友相处，最大的学问就是将利益分配好，可惜的是很多人陷入了利益的泥潭而不能自拔，这自然就很难找到朋友。

"不"字难说断送友谊

人们认为，当朋友需要帮助时，应该是点头答应，而不是摇头否定，这样才显得朋友之间够义气。因此，一些人碍于朋友情面，对一些不适合帮助或无能力帮助的事也勉强答应，害怕失去了朋友，却违背了自己的心愿。实际上，该说"不"时不说"不"，往往因最后的结果难遂人愿而让朋友之间产生更大的不愉快。

琳达收到以前邻居的来信，得知她打算带孩子和狗一起到自己家住两三个星期时，一时感到十分为难。平时喜欢陪伴的朋友，并不一定就是愿意成天生活在一起的人。可是，怎么能对朋友说"不"呢？所以，琳达就虚伪地说，很高兴见到他们。

为什么不能坦率地对她讲，很愿意招待他们几天，但住三个星期又实在太长呢？毫无疑问，和很多人一样，琳达害怕说"不"字。当她不想答应别人求她的事情时，她又不能毫无愧意地拒绝人家。

不能果敢地说出"不"字。可能使朋友在误解的基础上越陷越深。自己也不能从违心的情况下解脱出来。

卡罗琳，一位有三个孩子的年轻母亲，她有这样一个女"主人"式的朋友。新搬到这一居民区，卡罗琳急于找朋友。这时，莉拉钻进了她的生活，像只母鸡式地把卡罗琳藏在翅膀下。不久后，卡罗琳发现，莉拉不仅是只母鸡，还是只蜂王，她是某社会团体的总裁，整个团体是由她的朋友和她们的丈夫们组成的。

"起初我挺喜欢她，"卡罗琳说，"我是她的特别好友，她要我干啥，我就干啥。有时我感到似乎受她的压制，但我不知该怎么办，因为我的确喜欢她，希望与她保持朋友关系。但我逐渐不喜欢只是听从于她了。"

对莉拉的指手画脚，卡罗琳难以说出"不"字，使友谊建立在不平等、不尊重的基础上，也就使友谊难以发展下去。

苏珊是位年轻妇女，她愿意让一位朋友摆布她的生活。与卡罗琳不同的是，苏珊却是主动要求受控制。当垃圾处理装置出毛病后，她给好朋友玛莎打电话，问她怎么办。订阅的杂志期满后，她也去问玛莎是否再继续订。有时候她不知道该吃什么饭时，也给玛莎挂电话问她的意见。玛莎一直像个称职的母亲一样，直到有一天出了乱子。那天，玛莎的一个儿子摔了，由于非常疲倦，玛莎严厉地说道："天哪！看在上帝的分上，苏珊，您就不能自己想想办法？就这一次！"说完就挂了电话。

玛莎的拒绝使苏珊感到迷惑不解，她说："我还以为玛莎是我的朋友呢。"

过分地、无选择地满足朋友，会使朋友过分地依赖于你，当你突然间对他说"不"时，他会很茫然、很失落，并且对你产生迷惑，但是，你必须清楚你是他的朋友，并非父母，你没有指导和保护他的义务，只能给予支持，但不能包办代替。

我们中的一些朋友，总是喜欢将自己的一些意志强加于对方，也就体会不出友谊的真正含义。

朋友之间的交往，应该是平等、坦诚的思想交流，任何一方想控制一方的思想，或无节制地要求，这样的友谊本身就是病态的友谊，维系一个病态的友谊，人也是活得最疲惫的。

自己也不要遇人全抛一片心

每个人都渴望有一个知心的朋友，但人性是复杂的，知人知面难知心。当你真心实意地去对待别人时，很可能会遭到对方的欺骗或背叛，所以与人交往时还是保留一份戒心吧！

一只母野鸭和一条大花蛇成了邻居，野鸭非常热心，它想"远亲不如近邻"，搞好邻里关系，有事彼此还可以照顾着点儿，于是它就经常给大花蛇送点点心什么的，大花蛇对野鸭也很热情，一口一个"大姐"，嘴甜着呢！一段时间后，野鸭当妈妈了，六个可爱的小野鸭在窝里跑来跑去可爱极了。附近的食物吃得差不多了，野鸭妈妈想去远处给孩子们找食物，但又担心孩子的安全，正在为难时，大花蛇跑了来，自告奋勇地要照顾小野鸭，"大姐，你去找食物吧！我帮你看着孩子！你看它们多可爱呀，我这个当舅舅的一定要照顾好它们！"野鸭妈妈听了大花蛇的话，就放心地飞走了。傍晚野鸭妈妈满载而归，可是窝里却是空空的。小宝宝哪里去了呢？野鸭妈妈放下食物。就赶快去找邻居花蛇，一进门就看到花蛇躺在床上，肚子鼓鼓的，嘴边还沾着小野鸭的羽毛呢！野鸭妈妈愤怒地哭骂起来，花蛇却无赖地拍拍肚子说："大姐，别哭了，它们还不是一只没少吗？说真的，你什么时候再生一窝，味道好极了！"

野鸭失去孩子就是因为她太早撤去了对朋友的戒心，竟然在不了解花蛇本性的情况下，就将自己的孩子托付给它，有的人可能会觉得野鸭傻得可笑，但在生活中，也有不少人会犯它的这种错误。

段磊是一个开朗、热情、待人真诚的人，大学刚毕业，就被分配到一个工厂的计算机房工作。在那里他的年龄最小，又为人诚恳，他把每一个人都看作是自己的朋友。有一次，单位将一个软件设计的任务交给了他的带班师傅，他的这位师傅 30 来岁，看上去挺和善的，段磊对他丝毫没有防备意识，所以有什么话和事都对他说，包括家里的一些事情。那一次设计，他搞了好长时间也没能弄出来，当时段磊看在眼里，就想到自己曾经接触过这类设计，便毫无保留地说出了自己的思路，还让他上自己的家里一块研究、上机。后来设计成功了，大家都很高兴。可是，在宣布"有功者"时，却没有段磊的名字。

老祖宗一再告诫我们"逢人只说三分话，未可全抛一片心"，但社会上却还是有很多像段磊这样不知江湖险恶的年轻人，跟人家还没有接触多久，就把自己的"真心"交了出去。如果侥幸碰上的是诚实可靠的人，你把"老底"抖给了对方，对方可能会因此和你结成好友，但如果你像段磊一样碰上的是一个老于世故的人，你的真心就会被人利用。所以如果和人初次见面，或才见了几次面，就算你们一见如故，也不应该一下子就把你的心掏出来，也就是说：对还不了解的人，无论说话还是办事，都要有所保留。

友谊的发展都是渐进式的，与其一下子掏出心来，还不如慢慢观察对方，有了了解之后再交心。你可以不虚伪，坦坦荡荡，但绝不能太快把感情投入进去，给自己多留一点时间思考，会让你更好地保护自己。初入社会的年轻人尤其要注意这一点，因为有人会故意利用年轻人的真诚和热情打歪主意。他们会把自己打扮成一个亲切的长辈，几句话就会让你把心掏出来，而他们或者是不"掏心"，或者干脆掏一颗"假心"给你，等你走进他们的圈套，你的日子就不好过了。

在待人处世中，对刚认识的人，尤其是对那些摸不清底细的人，千万不要轻易"交心"，对他们太过老实厚道，吃亏受伤害的将是你自己。

从同乡关系入手拓展社交圈

当今社会人口的流动性很大，许多人离开家乡到异地去求职谋生。身在陌生的环境里，拓展人际关系有一定的难度，那就不妨从同乡关系入手，打开局面。

在外地的某一区域，能与众多同乡取得联系的最佳方式是"同乡会"。在同乡会中站稳了脚跟，跟其他老乡关系处得不错，那就等于交结了一个关系网络。也许，有一天，你就会发现这个关系网络的作用是多么巨大，不容你有半点忽视。

中国的老乡关系是很特殊的朋友关系，也是一种很重要的人际关系。既然是同乡，那涉及某种实际利益的时候，"肥水不流外人田"，只能让老乡"近水楼台先得月"。也就是说，必须按照"资源共享"的原则，给予适当的"照顾"。

既然中国人对老乡有特殊的感情，学会利用同乡关系便可以多几个朋友，更重要的是可以拓宽路子，万一自己在外面有了什么麻烦，也可以有"征讨"别人的资本。那么，该怎样利用老乡关系呢？

（1）利用乡音作为拉关系的契机

既然是老乡，就必然有共同的特点存在于双方之间，其中很重要的一点就是"乡音"。

清朝末代的大太监李莲英的发迹可以说是运用了此种技巧。

李莲英出身贫苦，个子瘦小，若以当时清朝宫廷太监的标准来衡量，他是根本不够资格的。可一次偶然的机会，李莲英听说在宫廷中有一个太监是他老乡，且是同一村的。于是李莲英大胆地去找了这个老乡。

李莲英当时很穷，没有钱买东西去送礼。他虽然知道这位老乡很重乡情，但怎样才能引起老乡的注意呢？

一天，他瞅准了这位老乡出来当值时才去报名，然后用一口地道的家乡话说出了自己的姓名与籍贯。李莲英的这位老乡听了这声音，身体不由得抖了一下，遂抬头看了看眼前的这位小老乡，心里暗暗记了下来。

后来，在这位老乡的帮助下，李莲英做了慈禧太后梳头屋里的太监，以梳得一头好发型深得慈禧宠爱，最后成了慈禧太后面前的大红人。

李莲英只说了几句话，就博取了对方的注意与好感，但要注意的是，这几句话是家乡话、是乡音，而对方也恰巧是同乡人，且又同处异乡，在这种情况下，李莲英轻而易举地争到机会就不足为奇了。

用家乡话作见面礼，可以说是独树一帜的，它不需要物质上的东西。在这里，有一点相当重要：那就是运用这种方法的场合，最好是在异乡，因为在异乡才会有恋乡情绪，才会"爱乡及人"，这时再来个"他乡遇老乡"，哪有不欣喜之理。对方离乡愈久、离乡愈远，心中的那种情就愈沉、愈深。因此，这种情况下运用"乡音"这种技巧，你就会得到老乡所带给你的种种好处。

（2）利用乡产作为拉关系的契机

在与老乡打交道时，一般人都会有这样一种想法：既为同乡，理应帮忙，如还用礼物送之，这不太俗了吗？这种想法在某种特定意义上来说，是有一定道理的，但就广义来说，则是谬论。

老乡与其他关系不同之处在于，老乡之间的关系是以地域为纽带的，有一份"圈子"内的情感存在心上。

"乡产"也许是很普通的东西，本身并不贵重，但在"乡产"上所包含的情意却非"外乡人"能看出来、体会出来的。它会起到勾起老乡思乡之情的作用，然后会在这种感情的支配下，对你这位老乡"另眼相待"，照顾有加。你再适时加上句"老家的东西，尝个鲜儿"之类的人情话，效果更佳。

（3）利用乡情作为拉关系的契机

一个人，无论是出自什么原因，离开家乡，离开生他的土地，也许开始并不感到有什么难过，但时间一久，或不习惯当地的生活习俗或遇到挫折，他就会感到家乡的亲切、家乡的美好。也许，这个时候，一个人才会深深地感到，自己与家乡有割不断、丢不掉的感情寄托，那是支持着游子出外去闯世界的精神依靠。

因此，在游子的记忆深处，有一块属于家乡的领地。也许，现实的生活会暂时把这块领地掩盖起来，而一旦触及了这块领地，那一股思乡潮就会源源不断地涌出来，充满游子的大脑，触及记忆的神经。

老乡见老乡，有事好商量。老乡关系是一笔巨大的人际关系财富，只要你运用得当，你就会广结人缘，需要老乡帮忙的时候，你就可以"近水楼台先得月"，涉及某种实际利益时，老乡当然不会让"肥水流入外人田"。如此看来，搞好老乡关系，不但可以多结交朋友，更重要的是可以获得很重要的东西，也许可以让你一辈子受益无穷。

亲戚之间应常来常往

亲戚，是与我们有血缘关系的人。在工作上需要帮助时，亲戚或许是最早向我们伸出援手的人。在亲戚交往中，人情往来，礼节应酬发生的频率是比较高的。比如，新婚之喜、寿诞之庆、乔迁之贺等等，走动一下，在礼节应酬上有所表示，联系的方式可以各具特色，这样可以达到相互沟通、交流思想、交换信息的目的。通过加强亲戚关系可以使大家感到亲切愉悦，其乐融融。

但有的人可能会这样问：我与亲戚离得特别远，平时自身还有很多事情要做，哪有时间去经常走动啊！

这确实是当今社会存在着的一个客观问题，由于经济的发展，加上自身的一些原因，如调动工作、外出读书经商等，都会与亲戚相分离。毕竟，在当今这个社会，那种封建大家庭式的生活方式已不复存在了，亲戚开始分散到各自不同的地方，这是社会经济发展的必然结果。

在这种情况下，就此不来往实属不该，"常来常往"，除了指人需要经常来往外，也可以是礼品、书信等。

亲戚之间相隔很远，彼此不能经常见面。倘若遇到亲戚办一些大事时，就算不能亲身前往，也要备些礼品或书信前往，让亲戚感受到了你的挂念，这样就算真的长时间无"人来人往"，但有"物来物往"或"信来信往"，也可以起到处好亲戚关系的作用。如果连这样的往来也没有的话，亲戚之间的感情就会中断和淡薄，长久下去，也就渐渐无形中断。

在这一点上，现代气象学家竺可桢就做得很好。竺可桢年少离家，出外就读，尔后就在异乡定居下来，娶妻生子，几乎就没有机会回故乡去探望。

可竺可桢却始终没有忘记故乡的亲人，时时将他们记挂在心中。就是在他工作非常忙的时候，他也不忘写上几封书信，寄给故乡的亲戚向他们问好；逢年过节或亲戚家有什么喜事，他也要托别人带些礼品回去以示庆贺。

有一次，竺可桢家乡的亲戚收到一封这样的来信：

"……欣喜地知道表哥、表妹的儿女双双考上大学，可桢心里非常激动，是你们辛勤培育了他们，为我们家族争了光。告诉他们，现虽考上大学，但仍须努力，不要以为这就进了'保险柜'，'一分耕耘一分收获'，希望他们一定要记住这条警句……我虽老了，但很想回去看看，看看家里的老人和你们……"

亲戚们收到信后，激动异常，特别是家中的老人感到欣慰无比，可桢这么忙还能时时照应到家里，还有什么比这更重要的？

可见，竺可桢与亲戚的关系"相处"得多么融洽，虽然彼此不能经常见面，但不断的书信和礼品往来，使亲戚之间的关系能超越空间而永存。

亲戚间的来往还要注意发乎情，止乎礼。作为亲戚，希望彼此关系越来越好的意愿是好的，但是也不宜过于亲密，到了不分你我的程度，就容易走向另一个极端。所以，为了处理好亲戚之间的关系，就要注意以下两点：

一是不要轻率接受馈赠。亲戚之间来往，经常会请客送礼，如家常便饭。这中间除了亲情之外，也免不了夹杂个人的利害。所以在接受亲戚的厚礼之前，定要三思而行，千万勿贪利而使自己陷于被动的处境之中。

毕竟，受人之托，忠人之事，这无论是何种人际关系，其结果都是必然的。但事物也要一分为二来说，任何事都不要走极端，不分青红皂白一概不收，毕竟，亲戚之间还有一种亲情存在，不要拒绝了亲戚出自亲情的好意，这中间就要靠一定的标准来判断了。

二是防"亲"之心不可无，荀子在论人性时说："人之性恶，其善者伪也。"人性险恶的人，善良的外表都是装出来的。

人性究竟是善是恶，我们姑且不论，但在现实生活中，与亲戚打交道时也要小心谨慎，对亲戚也别只顾其"亲"，也要考虑一些防患对策，预防万一，否则待事情发展到无可挽回的地步就为时晚矣。

那该怎样去"防"亲戚呢？

《庄子》中指出："以利合者，迫穷祸患害相弃也。"这是讲，因利害关系相结合的人，在遭遇困难逆境时，很容易背弃对方。

如此看来，因为利害关系而维系的亲戚关系，这种关系早晚会冷漠并中断。比如，当你飞黄腾达时，平时与你相处不怎么样的亲戚都来奉承你，沾你的光；而当你一旦失势，这些亲戚便会抛弃你。这样的亲戚平时一定要防着点，与之相处时一定要慎重，切不可为他的"亲情"所迷惑，从而使自己陷入尴尬的处境之中。

亲戚"不走不亲"、"常走常新"，因此亲戚之间一定要常来常往，这样才能沟通联系，深化感情，密切亲戚关系。这样把亲戚关系走近了，你有了难处，亲戚才会愿意帮你。这样，也可以为你的职场开拓新的空间。

不能不加选择地滥交友

现实生活中，不是所有的朋友都能肝胆相照，有的人交友就是为了害友。比如说有些人为了达到不可告人的目的，或者是为了实施某种非法行为，不择手段寻找勾引目标。一旦他选中了，便千方百计地拖其下水，使用胁迫、利诱、欺骗、教唆等种种手段使原来品行良好的人走上邪路，直至毁灭。应该说，这类朋友是最可怕的，也是最恶毒的，和这样的人结交无异于自我毁灭。

"孙华被警察带走了！"这个消息惹得同事们议论纷纷，孙华本来是个不错的年轻人，怎么会犯罪呢？原来这都是由于孙华交友不慎引起的。孙华是个很开朗的人，一年前，他在迪厅里认识了一群"好朋友"，他们带孙华吃吃喝喝，跳舞玩乐，没几天孙华就把他们当作了自己的知己、死党。这群朋友又对孙华灌输了很多"哥们儿义气"，"为朋友两肋插刀"的思想，还带他去打斗、飙车……渐渐地，孙华变了，在公司还能维持彬彬有礼的样子，一出公司就满口脏话，蛮横无理。他和原来的同学、朋友都断绝了来往，只和新朋友混在一起……2004 年 9 月，公安局打击违法犯罪团伙，他们在孙华家里搜出了二十多包摇头丸和 K 粉，还有大量的铁棍、匕首，孙华因此锒铛入狱。

有一句成语叫"近朱者赤，近墨者黑"，朋友对一个人的影响非常大，一个益友，会拉着你共同进步；一个损友，却可能会把你推入万丈深渊。因此，交朋友一定要精挑细选，千万不要犯孙华那样的错误。

交朋友时，你一定要多问问自己：你为什么要结交朋友？需要结交什么样的朋友？如何选择朋友？在结交朋友的过程中，必须注意哪些问题？只有这样，你才能保证所结交的朋友对你会有帮助，不会因择友不慎而招致麻烦和灾难。

首先，我们在择友时，一定要明确自己的标准，即结交品行端正、心地善良、乐于助人、勤奋上进的人。这样的朋友就是益友，一生中都会对你有很大帮助。有的人以兴趣相投作为唯一标准，而不论对方的思想品行，只讲朋友义气，只要你对我好，我也对你同样好。你敬我一尺，我敬你一丈。你肯为我赴汤蹈火，我也会为你两肋插刀。至于是不是有利于自己，有利于他人和社会，则根本不考虑了。在他的朋友中，既有讲吃讲喝者，又有讲玩讲闹者，甚至还有为非作歹、流氓地痞之类的人。这样一来，难免影响到自己。因此，我们一定要慎重选择朋友，切不可滥交，一定要避免和那些道德品行不端的人结交，免得沾染恶习。

再者，交友结友不在多，而在于质量，多交必滥，这是在中国古代人们对交朋友的经验总结。人们常说："朋友遍天下，知心有几人？"的确，知音难觅，况且，一个人的精力是有限的，如果不加选择，一味地以多结交朋友为荣，则会整日忙于应酬，把大部分精力都放在与朋友的周旋上，必然影响自己的正常工作、学习和生活。再者，结交的人多了，也必然影响到对朋友的鉴察和甄别，如果所结交的人中有品行不端或用心不良者，也很可能给你带来危害。

第三，我们应把结交朋友看作一项十分严肃的事情。当你在结交朋友时，一定要认真对待，绝不可轻率。在与对方交往的过程中，要注意观察其思想、兴趣、爱好、品质和行为，掂量一下是否值得结交。当然，这里并不强求朋友是各方面都比自己强的人。"毋友不如己者"，就是说不要和不如自己的人交朋友，这种观点虽然带有很大的片面性，但也说明了交友的道理不可轻率。因为朋友之间本是互有短长的，在这方面你有优点，在其他方面他有特长，朋友相处，长短互补，这也是交朋友的益处之一。孔子的意思是要交思想纯净，品德高尚的人，向这样的人看齐。还要注意，看朋友是不是值得结交，并不是不允许朋友有缺点，人无完人，朋友也是如此。只要你所结交的朋友品行端正，能够真心帮助你，不至于对你有害，就可以了。

现实生活中，我们总要和各种各样的人交往，正所谓"人上一百，形形色色"，这里面既有谦谦君子，也有行为不端的小人。我们不能为了求"量"就忽略了"质"，朋友虽然多多益善，但还是要审慎一点，免得事到临头"好朋友"跑得一干二净，有的甚至回头"咬"你一口。

第六章

远离社交雷区的方式

——谨慎自守奠定人际关系的基础

在职场的人际交往中有些禁忌是连碰都不能碰的，碰了就会得罪人，碰了就会吃暗亏。有时候你还毫无所觉，人家已经对你恨意满腹；你自认为做的得体，人家却嫌你不知进退……所以，我们要看清楚禁忌所在，然后小心翼翼地绕过它，绝对不做它的牺牲品。

别碰那片"逆鳞"

在中国古代的传说里，龙的喉部之下约直径一尺的部分上有"逆鳞"，全身只有这个部位的鳞是反向生长的，如果不小心触到这一"逆鳞"，必会被激怒的龙所杀。其他的部位任你如何抚摸或敲打都没关系，只有这一片逆鳞无论如何也接近不得，即使轻轻抚摸一下也犯了大忌。

所以，我们可以由此得知，无论人格多高尚多伟大的人，身上都有"逆鳞"存在。只要我们不触及对方的"逆鳞"就不会惹祸上身。而所谓的"逆鳞"就是我们所说的"痛处"，也就是缺点、自卑感，在人际关系的发展上，我们有必要事先研究，找出对方"逆鳞"的所在位置，以免有所冒犯。小李从卫校毕业后，直接到附近的一所医院当护士，试用期 3 个月，合格的话就会被留用，她的运气确实不错。嘴甜、勤快使得医院里的护士都很喜欢她，尤其是护士长赵姐，对她就像亲妹子一样。眼看 3 个月的实习期就要满了，小李却在这时犯了一个致命的错误。一天午休时，几个护士聚在一起闲聊，小李突然问了赵姐一句："赵姐，你家孩子几岁了？怎么不带到医院来玩啊！"大家都愣了，赵姐勉强笑着回了一句："啊，我还没要孩子呢！"一名老护士连忙岔开话题说起了旅游的事，偏偏小李没眼色，又补了一句："赵姐，那你可得抓紧时间了！不能只顾着事业呀，没有孩子可是女人一生最大的遗憾哪！"小李自以为话说得很得体，没想到话音刚落，赵姐就脸涨得通红，大骂了起来："你算哪根葱哪头蒜，我的事你管得着吗？"小李目瞪口呆，委屈地直哭，把赵姐劝走以后，一名老护士才告诉小李，赵姐根本不能生育，在这家医院里，关于孩子的事，大家是连提都不敢提的！

结果可想而知，小李的实习不合格，被退回学校去了。小李错就错在太过冒失，不该触人痛处，当赵姐回答没要孩子，其他护士又岔开话题的情况下，实在不应该再继续问下去，但她偏偏又自以为是地加了一句，结果惹了大祸。

每个人总有自己的弱点、缺点或者污点，在和对方谈话时一定要避开这些他（她）所忌讳的东西，因为忌讳心理，人皆有之，就连鲁迅笔下的那位惯用精神胜利法的阿Q也有忌讳。虽然他惯用精神胜利法安慰自己，因而少有耿耿于怀之事。别人欺他骂他，他能控制自己，心理很快能平衡，唯独忌讳别人说他"癞"，因为他头皮上确有一块不大不小的癞疮疤。只要有人当着他的面说一个"癞"字，或发出近于"赖"的音，或提到"光"、"亮"、"灯"、"烛"等字，他都会"全疤通红地发起怒来，口讷的便骂，力小的便打"。

在封建时代，因说话不留神，犯了人家忌讳而人头落地、身首异处的事例不胜枚举。当过长工，后来揭竿而起的农民英雄陈胜就忌讳别人说他是庄稼汉出身。他的几位患难兄弟因在他面前不知趣地提起有损他"领袖形象"的往事，结果招来杀身之祸。

明朝开国皇帝朱元璋曾经当过和尚，做过"贼"（起义在封建时代是贼的同义语），自从当了皇帝后，就很忌讳人家提他以前的那段"不体面"的往事，如果有人当他的面说"和尚"、"僧"乃至"生"都会招来杀身之祸，他也不许别人提"贼"，甚至与"贼"音相近的"则"字也不许提，提了就会招来杀身之祸。

在封建时代，这种忌讳心理发展到登峰造极的地步便是大兴"文字狱"，许多文人学者因犯了当权者的忌讳而白白丢了身家性命，可悲可叹。

大凡普通之人也有忌讳心理，你在谢顶者面前如果说他"怒发难冲冠"或"这盏灯怎么突然不亮了"或"今天真是阳光灿烂"等话，人家肯定会愤而变色，有时甚至于怒目圆睁、拂袖而去，到时候你就会尴尬不已。

那么，该怎样避讳呢？

我们认为，应该先了解对方有无忌讳之处，对对方的忌讳之物要视为禁区，十分谨慎地避开，以免触痛对方，谢顶者面前不说"亮"，胖子面前不说"肥"，瘦子面前不说"猴"，矮子面前不说"武大郎"，其貌不扬者面前不说"丑八怪"，跛子面前不说"举足轻重"，驼背面前不说"忍辱负重"。对人家失意之事也应尽量避开不谈。比如，在高考落榜者面前少炫耀自己的大学生活，在久婚不育者面前少谈生儿育女事，在有偷窃行为者面前莫谈论《十五贯》中的娄阿鼠。

暴露自己的痛处，对任何人来说都不是一件愉快的事。所以和别人相处时，要小心翼翼地避开雷区，不要提及他人自认是弱点的地方，更不能用侮辱性语言攻击他人身体上的缺陷。

社交中保持等距离

社交活动中，我们经常需要同时与几个人打交道，这种情况下，常常容易犯厚此薄彼的错误。你"厚"的人可能是欢喜中带点尴尬，但被你"薄"的人就注定要满腹怨气了。这样做会给你的人际关系带来严重影响，为了避免这种失误，最好的办法就是遵循等距离原则。

郊游活动中，班长徐伟带了四名女生去采蘑菇，回来的时候，其中三个女生却噘着嘴，满脸的不高兴。辅导员问几个女孩为什么生气？她们回答说："什么意思嘛？一起出去，班长却只对那个女孩献殷勤，对我们理也不理，我们中有谁得罪了他吗？"辅导员听完就找徐伟谈了话，结果徐伟大呼冤枉："我只不过是跟那个女孩比较熟悉，才多说了几句，并没有嫌弃另三个女孩的意思啊！"最后徐伟找到三个女孩，真诚地跟她们道了歉，并请她们吃了顿饭，三个女孩才算原谅了他。

社交中这样的事情并不少见，不管你是有意还是无意，都会影响到人际关系，所以社交中一定要谨言慎行，和人保持等距离。

在握手寒暄时，应按礼节规定的顺序依次进行，不应该不讲先后顺序，跳跃地进行。与多人握手时，注意与每人握手的时间应大致相等。

在与为数不多的人交换名片时，应按礼节规定的顺序，可以一一地把自己的名片递过去，请对方指教。那些在场者并不一定都想要你的名片，但仅凭自己的判断不给他们也有失礼之嫌。

一个男士与两个女士同行或坐在一起时，不应夹在她俩中间，否则，男士同她们谈话就不得不左右兼顾。那么男士的最佳位置应是坐在或走在她们的左侧才合乎礼仪。因为此刻你若居中而坐，或是走在中间，是难于做到一左一右绝对"等量"地对待她们的。

然而，这一规定却有个例外。在一位未婚男子同两位单身女子同行时，如果他靠近其中的一位而远离另一位，反而可能引起她们的不安。因此，在这种情况下，他还是走在她们中间较好。

在招待客户时，不论是对待大客户还是小客户都要设法照顾周到，尽量避免产生不必要的误会。在某公司举办的一个大型答谢晚宴上，业务员周平及其他业务员都忙着招呼各自的客户，周平的客户很多，他与小客户打过招呼后，就借用餐时间与一个大客户交谈起来，因为这个大客户曾与公司产生过误会，通过交谈，与这个大客户基本上达到了沟通的目的，消除了误会。事后，有一个小客户打来电话，说不想用该公司的产品了，当时周平非常吃惊，因为双方一直合作得不错，虽然产品用量不大，但一直保持业务往来，且关系很好，他不知道是哪方面得罪了这位"上帝"。后来经过多方打听，原来在那次晚宴上，这位客户就坐在自己的邻桌，因受其冷落，所以才欲终止合作。后来经周平不断地加以解释，才挽回了这位客户。

到公司去洽谈业务或办事，进入办公室后应设法与办公室业务人员都聊上几句，以调节气氛，不能只与业务主管攀谈，目无他人，令人觉得你只认领导，冷落其他在场的人，这样往往会收到不良的效果。

一位南方经营建材的老板，经常来公司洽谈业务，但是他每次来科里，只与业务主管交谈，旁若无人。甚至对其他人连句问候的话都没有，形同路人。说起话来口气很大，动辄说他跟某某厂长、科长关系很好，仿佛他做生意靠的不是实力，而是关系，大家都很反感他。他来科里联系业务，业务主管不在时，没人理他，更没人主动帮他，他来电话找人，回答"不在"——没人帮他去找；打听什么信息，回答"不知道"——即使很清楚。这样一来，看似精明的南方老板，实际上办了一件很不精明的傻事，原因是忽略了"等距离"规则。

所以，在社交场合，对待众多的朋友、合作伙伴，应努力做到一视同仁，不要使人感觉有明显的亲疏远近、冷暖明暗之别。

玩笑不是乱开的

饭可以多吃，玩笑不能乱开，得体的玩笑可以活跃气氛、松弛神经，但万一掌握不好分寸，就可能伤害感情，甚至惹起事端。

玩笑失去了分寸，就会成为恶意的嘲笑，让人际关系受损，不信的话，请看下面几个例子：

A. 某姑娘身材高大，体态臃肿，虽然年逾30，却迟迟未完婚事。她将择偶难的原因，主要归结为自身的形体条件差。因此，平时她内心一直十分痛苦，无论衣着打扮，还是言谈举止，都尽量避免露胖。这一天，单位里举行文娱活动，大家说说笑笑，忽然将话题转到健美上来。有一位男性同事笑着对某姑娘打趣道："哎呀，你要是参加健美运动，不早就变成一只轻盈的小燕子了！"这句隐含着责怪她胖的打趣话，一下子触及了某姑娘的忌讳。只见她脸唰地红了，一声不吭，扭头就离开了会场。回到宿舍，她趴在枕头上暗自流泪，气得整整一天不思饮食。事后，还是同宿舍的女友好心相劝，才使她停止自卑行为。

B. 王某和夏某是同室女友，两人形影不离，亲如姐妹。有一天，王某在一群女友中间，当面对夏某的衣着打扮，进行了一番议论。她用开玩笑的口吻，说夏某的衣裙像筒子，皮鞋像小船，还对她的发型、发结进行了挑剔。其实，王某在说这些玩笑话时，内心并无恶意，也不曾想到这会引起夏某的不快。她只不过想通过这些逗趣话，提醒夏某改进一下自己的衣着，将自己打扮得更漂亮一些。然而，夏某却生气了，她沉下脸回敬道："我没你会打扮！你身上哪儿都顶合适！"从那以后，两人关系一下子疏远了，夏某有什么心里话，再也不跟王某说了。

这两个故事中，乱开玩笑只不过失去友情，但下面这个例子里，乱开玩笑却赔上了健康。

C. 张博和小邵是关系不错的同事，张博生性大大咧咧，喜欢开玩笑。四月一日愚人节快到了，张博决定好好"涮"小邵一次。中午，小邵正跟几个同事坐在石椅边聊天，张博慌慌张张从办公室跑了出来："小邵！你还在这儿聊天，你妈死了！"小邵一听，差点晕倒，他父亲死得早，是母亲一手把他拉扯大的，没想到——小邵跌跌撞撞地冲进办公室，张博却在这边挤眉弄眼地跟同事笑开了。两分钟后，小邵从办公室冲出来，愤怒地揪住张博衣襟："你凭什么咒我妈死了！"张博一把推开他："愚人节嘛！"小邵更生气了，两人吵了起来，一怒之下，小邵不知从哪里抽出把弹簧刀向张博刺去。张博倒在了血泊中，后经抢救，命虽然救回来了，身体却折腾虚了。而小邵则因故意伤害而被判了 6 年徒刑，而这场是非只不过是因为一个过了头的玩笑。

社交中，开玩笑一定要把握分寸，诙谐而不伤人，以下几点，就是开玩笑时应该注意的：

（1）内容要健康

笑料的内容取决于开玩笑者的思想情趣与文化修养。内容健康、格调高雅的笑料，不仅给对方以启迪和精神的享受，也是对自己美好形象的有力塑造。钢琴家波奇一次演奏时，发现全场有一半座位空着，他对听众说："朋友们，我发现这个城市的人们都很有钱，我看到你们每个人都买了两三个座位的票。"于是这半屋子听众放声大笑。波奇无伤大雅的玩笑话使他反败为胜。

（2）态度要友善

与人为善，是开玩笑的一个原则。开玩笑的过程，是感情互相交流传递的过程，如果借着开玩笑对别人冷嘲热讽，发泄内心厌恶、不满的感情，那么除非是傻瓜才识不破。也许有些人不如你口齿伶俐，表面上你占到上风，但别人会认为你不能尊重他人，从而不愿与你交往。

（3）行为要适度

开玩笑除了可借助语言外，有时也可以通过行为动作来逗别人发笑。有对小夫妻，感情很好，整天都有开不完的玩笑。一天，丈夫摆弄一把匕首，对准妻子说："不许动，一动我杀了你！"妻子见他这样，笑闹着去抓他的手，结果，妻子的胳膊被意外割伤。可见，玩笑千万不能过度。

（4）对象要区别

同样一个玩笑，能对甲开，不一定能对乙开。人的身份、性格、心情不同，对玩笑的承受能力也不同。

一般来说，后辈不宜同前辈开玩笑；下级不宜同上级开玩笑；男性不宜同女性开玩笑。在同辈人之间开玩笑，则要掌握对方的性格特征与情绪信息。

对方性格外向，能宽容忍耐，玩笑稍微过大也能得到谅解。对方性格内向，喜欢琢磨言外之意，开玩笑就应慎重。对方尽管平时生性开朗，但如恰好碰上不愉快或伤心事，就不能随便与之开玩笑。相反，对方性格内向，但正好喜事临门，此时与他开个玩笑，效果会出乎意料地好。

（5）必要的忌讳

①和长辈、晚辈开玩笑忌轻佻放肆，特别忌谈男女事情。几辈同堂时的玩笑要高雅、机智、幽默，解颐助兴，乐在其中。在这种场合，忌谈男女风流韵事。当同辈人开这方面玩笑时，自己以长辈或晚辈身份在场时，最好不要掺言，只若无其事地旁听就是。

②和非血缘关系的异性单独相处时忌开玩笑。哪怕是开正经的玩笑，也往往会引起对方反感，或者会引起旁人的猜测非议。

③和残疾人开玩笑，注意避讳。人人都怕别人用自己的短处开玩笑，残疾人尤其如此。俗话说，不要当着和尚骂秃儿，癞子面前不谈灯泡。

④朋友陪客时，忌和朋友开玩笑。人家已有共同的话题，已经酿成和谐融洽的气氛，如果你突然介入与之玩笑，转移人家的注意力，打断人家的话题，破坏谈话的雅兴，朋友会认为你扫他面子。

双方都能欣赏才叫玩笑，所以开玩笑之前多替对方想一想，看看对方是否能接受，如果不考虑对方的接受度就乱开玩笑，就只会自讨没趣。

热情也要有度

中国人天性热情，提倡关心他人比关心自己为重。待人热情固然很好，但如果没了分寸，那就过犹不及了。

与中国人的热络不同，外国人大都强调个性独立，所以不要把中国式的善意的关心施之于外国人，否则就会出力不讨好。

有一位英国女士在中国待了三年，汉语说得不错。有一位中国朋友，热情邀请她去自家做客，却之不恭，英国女士也就答应了。进了门后，中国朋友又是拿水果，又是倒茶的，并让自己的母亲陪客人聊天，她就进厨房炒菜去了。老太太也很热情，亲热地拉着手问："姑娘，你多大了？"英国女士愣了一下，勉强回答说自己生于 20 世纪 70 年代。老太太掐指一算，继续问："那你三十多了吧？结婚了吗？"这位女士面带不悦地回答"没有"！老太太一拍巴掌："那哪行啊？再不结婚就太晚了，赶紧找一个。咦？你是不是有什么难言之隐啊！"英国女士再也坐不住了，她站起来涨红了脸说："我的身体很健康，结不结婚我也有选择的自由。对不起，我还有事先走了，麻烦您转告您女儿吧！"说完就走了。老太太目瞪口呆地坐在那里："这外国人脸怎么这么急呢！"

生活中，很多外国人都对中国人的热情大呼"吃不消"，他们认为过分的热情侵犯到了他们的隐私。所以如果和外国人交往的话，不妨谈谈天气美食，太过热络的关心就不必要了。

中国人讲究待人接物既要诚恳热情，又应当合乎彼此的身份和关系，符合礼仪规范。如果一味只顾热情友好，而不顾"礼"的适度，就是所谓"热情越位"。"热情越位"与不够热情同样有害。"热情越位"会被人视为失礼和没有教养的表现。

例如，与初交或交情不深的异性谈话，不应询问其婚姻状况，或是大谈特谈对方比自己的伴侣"强多了"。要是刚认识一位年近 30 还未成家的女士，马上就问人家为什么还不结婚，甚至毛遂自荐要为对方当"红娘"，显然欠妥。

与业务伙伴谈判或是聚餐时，一位异性突然起身往外走，很可能是想去"方便"一下。有时对方可能还会给自己找个借口，比如说"出去打个电话"之类。此刻有教养的人是不会问对方"此行何去"的，更不会要求陪对方去"打电话"。

刚上班不久的小王请师傅来家做客，小王与师傅交谈时，母亲已经准备好饭菜，师傅再三推辞，但抵不住小王全家热情的甚至有些强硬的挽留，只好同意共进午餐。小王对师傅说："来，洗洗手，摘下帽子，咱俩喝点酒。"小王发现师傅没有摘掉帽子，便热情地说："屋里有暖气，不冷，不用戴帽子，快摘了！"师傅连声说："好，好，先喝酒、先喝酒。"小王着急了："喝酒更热，出了汗到外面该着凉了！"见师傅不加理会，小王便站了起来说："我帮你摘！"没容师傅反应，小王已经把那顶工人帽摘下来，霎时，全家都愣住了，原来师傅头上光光的，没有一根头发。小王拿帽的手停在空中，但只一秒钟，迅速地又把帽子戴到了师傅头上，一切都发生的那样快，小王和师傅都尴尬得不知所措。

热情过度使人感觉失礼、冒失，没有教养，动机和效果往往适得其反。比如在宴会上相互敬酒表示友好，但如果过分热情，硬让不会喝酒的人喝酒甚至过量喝酒，就会失言失态，从而破坏宴会的气氛，也使客人的身心受到伤害。

　　小张曾到一位朋友家做客，朋友很热情，准备了丰盛的菜肴。他很感激主人的好客，可是其中一道菜是他平生最不喜欢吃的，而主人却一定要他品尝其手艺如何，说这是她最拿手的。不吃吧，主人的盛情难却，且菜已进了自己的盘中，吃吧，的确又难以下咽。最后为不使主人失望，硬着头皮把它吞下。饭吃完，主人又提议去卡拉 OK 歌厅玩，到了歌厅，主人热情地为小张等点了他自认为会唱的歌，弄得大家拿着麦克风，不是跟不上节拍，就是唱走调了，最后玩得热闹，但感觉并不舒服。

　　有人天性热情好客，把慢待朋友视为不够朋友。按说这种人的真诚应最能获得朋友的好感，可事实却恰恰相反。凡受过这种人热情款待过的朋友，或多或少都会被他的热情灼得不甚好受。人与人之间都有个交际距离，热情也应维持在一个限度内。待人过于热情的人，实际上是在过于强硬地拉近双方的距离。这样做引起对方的不悦就是难免的了。

不做没信用的人

　　人与人之间的交往既需要十分诚实，更需要言而有信、言行一致。如果只会说大话，开空头支票，却不履行自己的承诺，这样的人一定会受到人们的唾弃和鄙视。

　　上司许下诺言后不能兑现将不利于在下属面前树立一个良好的形

象，从而导致上下级之间交往的失败。某机关的田处长是出了名的"支票机，"只会许诺，不会兑现。前不久，单位新分来一个小伙子，计算机专业毕业的，田处长一大早就把他叫到了办公室，笑眯眯地说："小陈啊！我看了你的履历，不错不错，以后啊咱们单位的计算机就交给你负责了，出了什么故障你就给看看，需要升级什么的你就看着办！有前途啊，我最喜欢有专长的人才了！"小伙子一阵激动："田处长，您放心，我一定好好干！"几天之内，小伙子天天加班，把单位的几台电脑大整修了一遍，田处长高兴地说："小陈啊，我不会委屈人才，忙过了这一段，我就一定要提拔你！"小伙子乐得天天"溜"着处长，甚至还跑到处长家里教处长儿子学电脑，单位里的同事看到小伙子这么卖力，却只是暗暗摇头。一个月、两个月、三个月……田处长的"提拔"还是没消息，实在忍不住了，小伙子跑去问田处长，他支吾以对："这个嘛，我还得再研究一下！"小伙子心里真是又急又气。同事老张拍着小伙子肩膀说："认了吧！田处长的话不能信，四年前他就说提拔我当科长，我现在还不是小科员！"

不久后，处里的工作出现了个大纰漏，田处长急得跳脚，可还是没有人愿意帮他，最后他被降职外调了，大家乐得直鼓掌："支票机总算走了！"

做领导的有一种失败，是最不受人同情的，那就是把大家当阿斗，随意哄骗。用得着大家时，又是许愿又是承诺，好话堆满一箩筐，说得大家纷纷为此效命；而当用不着时，极尽委蛇之能事，记性也不好了，以前说过的全忘了。这样的领导失去了群众基础，失去了人心，一旦遇到什么工作失误或是错误，立刻就会墙倒众人推，无可挽回地一败涂地。

因此当领导的一定要一诺千金，这样在与下属打交道时才会成功。

中华民族有一个古老的传统，那就是对信用与名誉的注重。曾有个"抱柱守信"的故事，讲道：古时候有个年轻人，和人相约在桥下。他等了许久，约会的人不见。一会儿，河水上涨，漫过桥来，他为了守信，死死地抱住桥柱，一个心眼地等待着友人的到来。河水越涨越高，竟把他淹死了。这位年轻人抱柱而死的行为尽管有点迂腐，然而，那种"言必信，行必果"的品格，却是永远值得人们敬佩的。

在中国历史上，这一类"待人以信"的故事，不胜枚举。楚人称道季布："得黄金万斤，不如得季布一诺。"孔子也把"朋友信之"列为他生平的志向之一。"人而无信，不知其可也"更是他老人家的名言。很显然，重视信用与名誉，已经成为我们祖先做人的根本守则。

有些人口头上对任何事都"没问题"、"一句话，包在我身上"，一口承诺；可是，嘴上承诺，脑中遗忘，或脑中虽未遗忘，但不尽力，办到了就吹嘘，办不到就噤若寒蝉。这种把承诺视作儿戏，是对朋友的不负责行为，要不得，迟早得为人所抛弃。

轻易对别人许诺，说明你根本就没考虑所办一件事情可能遇到的种种困难。这样，困难一来，你就只会干瞪眼。从而给人留下了"不守信用"的印象。许诺越多，问题越多。所以，"轻诺"是必然"寡信"的。

有许多诺言是否能兑现得了，不只是决定于主观的努力，还有一个客观条件的因素。有些照正常的情况是可以办到的事，后来因为客观条件起了变化，一时办不到，这是常有的事。因此，我们在工作中，不要轻率许诺，许诺时不要斩钉截铁地拍胸脯，应留一定的余地。当然，这种留有余地是为了不使对方从希望的高峰坠入失望的深谷，而不是给自己不做努力埋契机。自己必须竭尽全力。如果你没有把握，就不要向人许诺。迫不得已时，就要实事求是，有几分把握说几分，这样时间长了，人家才会信任你，把你当成靠得住的人。

不要随便指责别人

与人交往中，我们常常易犯随便指责别人的错误。"哎呀，你做的不对！""怎么连这点小事也办不好！"像这样的指责，在生活中随处都可以听到，然而随便指责别人并非是什么好事，它会给你的人际交往带来严重阻碍。

有一位先生，喜欢跟别人争辩，借以卖弄自己的学识，如果你不跟他争辩，他倒也不会来麻烦你、伤害你。

这位先生，自己是一个很好的人，忠实、不说谎、不伪装，也从来不投机取巧，不做一点亏心事，更不占别人便宜。

像这样一个好人，怎么会不受别人欢迎呢？

原来他过分看重了自己，以为自己是个十全十美的人，以为人人都应该以他为模范、为导师。因此，他就喜欢随时随地地去教训别人、指导别人。看见别人有一点点缺点，就加以批评、指责，像大人管小孩、老师对学生一样，摆出一副道貌岸然、神圣不可侵犯的神态。甚至常常有意地夸大别人的缺点，把别人的一时疏忽或无心的过失，说成是存心不良或者行为不端。

　　同时他又不能容忍别人对他有什么不恭敬、不忠实之处。如果他吃了别人一点亏或受了别人一点点欺骗，那他就把对方当作罪大恶极、无耻之极的人，加以攻击、嘲笑、讽刺或谩骂不已。

　　只要想一下就可以知道这种人是多么地令人可怕，都会激起别人的憎恶与反感。

　　一个人对自己要求严格，不做一点错事，这自然是千该万该，十分正确的事。但不要因此就把自己看得太高，以自己的标准来要求别人，以为别人都是笨蛋，只有自己才是圣人。对别人的过失与错误，首先要分析他们犯错的原因，可能是受到恶劣环境的影响，可能是因为他们自己认识不清，也可能只是一时疏忽，有时还可能因为求好反而犯了错误，主观上求好，而客观上犯了错误。除了一些真正与人为敌的社会败类，应该群起而攻之外，大多数人所犯的错误都是可以原谅，也都是可以改正的。我们应该抱着与人为善的态度，对别人的错误，在不伤别人自尊心的原则下，诚恳而婉转地加以解释与劝导，安慰他们的苦恼，鼓励他们改正，这样做，对于改善你的人际关系更有效。

　　1863 年，盖茨堡战役开始了。7 月 4 日晚上，李将军开始向南方溃退。李将军带着败兵逃到波多马克河边，面对前方高涨的河水与后方追击的政府军，李将军进退维谷，他们此刻已成瓮中之鳖。此役只要彻底击溃李将军的残余军队，内战很快就可以结束。对此天赐良机，林肯信心十足地用电报命令维得将军："立刻出击，不用通知召开紧急军事会议。"随即又另派特使督促格兰特马上行动。

　　而格兰特将军呢？他完全违背林肯的命令，先行通知召开紧急军事会议。而后又迟疑不决，一拖再拖。最后，水退了，李将军带领军队越过波多马克河逃走了。

林肯闻知此事，勃然大怒，在失望、痛苦之余，林肯坐下来给格兰特写了一封信。信的内容体现了林肯内心的极大不满：

我亲爱的将军：

　　我不相信你能懂得因李将军逃走一事所导致的严重后果。他本来在我们的掌握之中，而且，只要他一就擒，加上我们最近获得的胜利，战争即可结束。现在，战争可能会无限期地持续下去，上星期你不能顺利擒得李将军，如今他逃到波多马克河以南，你又如何能保证成功呢？我无法期望你改变形势，而我也并不期盼你现在会做得更好。良机已经失去，我实在感到无限的悲痛。

　　林肯在写完这封信之后，心里又产生了别的想法：无论如何，大错已经铸成，把这封信寄出，除了让自己一时觉得痛快以外，没有别的用处。格兰特会为自己辩解，会反过来攻击自己，这只有使大家都不愉快，甚至危及他的前途，以至于迫使他离开军队而已。

　　此时，如果说有人最有资格批评人的话，那个人就是林肯，可是，他却没有那么做。惨痛的教训告诉他：尖锐的批评和恶狠狠的责备，所得的效果都等于零。

　　于是，这封信没有被寄出，它被永远地收藏了起来。试想，如果格兰特将军拜读了此信之后，会有何感想？又会有什么反应呢？如果你希望激起一种反抗，使人痛恨数年或至死难忘，那你就可以试试对人发表一些尖酸刻薄的批评，这样你的愿望就可以轻易实现了。

指责别人是一种能破坏人际关系的强力炸药，所以遇到问题时，让我们尽量站在他人的角度上思考一下，少一点责备，多一点理解，这样做对你更有好处。

闲谈莫论人非

社交中，人们最讨厌的莫过于说别人闲话、搬弄是非的人了。说别人闲话的做法是最不可取的，闲话说多了，必然会引起不必要的麻烦。

小黄是某单位的骨干。以前，领导十分看重他，单位里有什么重要工作都由他来做，可是自从单位调来个新同事，他的日子就没有那么好过了。这个新调来的同事，可不是一个省油的灯，天天与领导套近乎，没事的时候，就往领导的办公室跑，东拉西扯地与领导说个没完没了。而且还时常帮领导做一些私事，因此，领导对他格外看重，他说的话，领导都很重视。可是令小黄不解的是：这个新来的同事处处与他作对，令他百思不得其解，他们俩无冤无仇，干吗与自己过不去呢？一天，小黄的工作做完了，想找领导汇报一下，就去领导办公室，可是当他走到办公室门外时，就听到这个新来的同事在说自己的坏话："小黄的人品还是不错，可是他的工作太粗心了，业务也不精。"小黄心想："原来他在打自己的小报告，这个家伙，真不是个东西，竟然是这种小人，为了抬高自己贬低别人。"其实，这个新同事的业务根本就不行，可是没想到还背地打小报告，说别人闲话。他没有进去，听完了转身回到自己的办公室，气就不打一处来。自从那次被打完小报告以后，领导对小黄就不如以前那样器重了，单位很多工作都交给新同事做。渐渐地，单位里很多人都知道了这个新同事的为人，都对他十分不满，可是又惹不起他。领导非常信任他，并处处维护他，所以他过得很是得意。

后来，小黄单位人事发生变动，又来了一位新领导，这个新领导很有魄力，上任以后，大刀阔斧地进行改革。在科室重组时，按照单位的规定，如果哪个科室都不要的人，只能下岗。由于这个新同事平时爱打别人的小报告，说别人的闲话，一点人缘都没有，所以哪个科室都不要他。最后，他只好灰头土脸地下岗了。打小报告的结果只有一个——引起对方的怀恨。有的人会立即反扑，有的则"君子报仇，十年不晚"，至少你和对方已有了嫌隙。当然，如果对方不知是你所为另当别论，但要做到神不知鬼不觉谈何容易。

没有人愿意与一个爱说闲话的人交往，因为他了解你越多，他给你造的闲话就越多。这样的人，好比是一颗定时炸弹，和他在一起交往，随时都有被炸伤的危险。社交的一个重要原则就是：不惹口舌是非，别人走运，不管你心里感受如何，都不要因为嫉妒而传人闲话，因为这样做是最愚蠢的——你什么也没得到，却得罪了不少人。

"是非只因开口多"，今天道东家长，明天说西家短，这种人没有不遭到报复的，谨言慎语是一种修养，一种水平，一种智慧。

第七章

赢取上级认可的锦囊

——与上级念好『敬』字经

与上级的关系，是社交中非常重要的一环。上级是与你的前途密切相关的人，所以你必须注意维护他的威信，使他对你产生好感。尊重上级的职权，不伤害上级的自尊心，努力工作，以诚相待，如果你能做到这几点，你在上级心目中的分量一定会大大加重。处理好与上级的关系，也就是在为你的前途奠定基础，向成功的方向迈出第一步！

要给领导留面子

中国人是最爱面子的，就中国的传统而言，在公共场合，一定不能落人面子，否则就是故意发出挑战。所以在公共场合，我们一定要注意给别人面子，对一般人是这样，对领导更要这样做。

在领导的眼里，如果自己的下属在公开场合使自己下不了台、丢了面子，那么这个下属肯定是对自己抱有敌意或成见，甚至有可能是有组织、有预谋的公开发难。正如一位心理学家所说的那样："人们都喜欢喜欢他的人，人们都不喜欢不喜欢他的人。"这样，在公开场合不给领导留面子的结果便是，领导要么给予以牙还牙的还击，通过行使权威来找回面子，要么便怀恨在心，以秋后算账的方式慢慢报复。

这种结果，自然是下属在提出批评和意见时所不愿看到的，也违背了他的初衷。他大概忘记了，无论是领导，还是他本人，都是中国人，都生活在充满人情味、十分讲究人际和谐的同一个社会中。

领导十分注意自己在公开场合，特别是在其他领导或者众多下属在场的时候的形象，这绝不仅仅是因为有个文化的潜意识在作祟，更是在于领导从行使权力的角度出发，维护自己权威的需要。这种需要因受到公开的检验而变得更加强烈甚至是不可或缺。

如果下级的意见使领导感到难堪，即使他是出于善意的愿望，即使他的确是"对事不对人"，但其结果却必然是一样的：使领导的威信受到损害，自尊受到伤害。

威信受到损害，便会使权力的行使效力受到损失。它影响到领导在今后决策、执行、监督等各个方面的决定权和影响力。因为人们不禁要问，他说的是否都对呢？是否会产生应有的效果……这样，下级在执行中便多了几分疑虑，这必然会降低领导权力的有效性。因为服从越多，权力的效果就会越好。行使权力必须以有效的服从为前提；没有服从，权力就会空有其名。

自尊受到伤害，是最伤人感情的，因为它触动了人最为敏感的地带，挫伤了"人之所以为人"的信条。在公开场合丢面子，这说明领导正在失去对下级的有效控制，于是，人们不禁对他个人的能力乃至人格都产生了怀疑。因此，无论是谁，身处此境，最先的反应肯定是怒火中烧，而不是理智地对意见内容的合理性的分析。那么，此后的一系列举动肯定都是很情绪化的。即使他很有面子、很得体地将这件事掩饰过去，情感上的愤怒依然是存在的，这个阴影将会把你美好的印象浸没，使你在后来饱尝麻烦，悔恨不已。

因此，当领导当众受到下属的伤害，丢了面子，即使当场不便发作，日后也会有所忌恨，甚至予以报复。因为如果他不这样做的话，可能还会有其他人会当庭责难，使他下不了台。"杀一儆百"、"杀鸡给猴看"的道理正是缘由此处啊！

钟白是个很有前途的青年，能力出众，工作认真，备受领导器重，进公司不过一年就当上了业务部主任，照此看来，钟白必定前途无量。然而就在这个时候，他却犯了一个致命的错误：经理陪着从深圳赶过来的老总到业务部视察，总经理对业务部这半年的表现很满意，鼓励大家再接再厉，并说大家有什么意见尽管提。钟白没客气，张嘴就来了一句："总经理，您不能光说不做啊！几个月之前就说给我们加提成，可到现在也还没兑现呢！"总经理愣了一下，然后连说："好，好，回去我再研究一下！"然后匆匆离开了业务部。后来听说总经理出门后就恨恨地说了一句："那人是谁啊？怎么这么不懂进退！"不用说，钟白在这家公司自然是前程无"亮"了。

钟白错就错在不该不分场合乱提意见，而且还偏偏提了一个让老总下不来台的意见，惹恼老总的后果就是大好前程付诸东流，一个月后，钟白就被迫离职了。钟白的遭遇颇具代表性，这其中的经验与教训，为人下属者都应当三思并引以为戒。

所以，下级在公共场合给领导提意见时，一定要注意给领导留有面子。

留面子，首先表明你对领导是善意的，是出于对领导的关心和爱护，是为了帮助领导做好工作。这样，他才愿意理智地分析你的看法。

留面子，还表明你是尊重领导的，你依旧服从他的权威，你的意见并不是代表你在指责他，相反，你是在为他的工作着想。

留面子，其实就等于给自己留下了充分的余地，下属可利用这个余地同领导在私下里进行更为深入的交流和探讨。同时这个余地还表明，下属只是行使了一定的建议权，而领导仍保有最终决断的权威。留有余地，还会使下属能够做到进退自如，一旦提出的意见并不确切或恰当，还有替自己找回面子的余地。

　　当然，我们讲，公开场合提意见要注意领导的面子，并不是鼓励下属"见风使舵"，做"老好人"。我们是非常赞成对领导多提建设性的宝贵意见的，同时也对直言不讳、敢犯龙颜者表示深深的敬意，我们的着眼点只是在于，提意见要注意场合、分寸，要讲究方式、方法。

　　如果只注重提意见的初衷和意见的合理性，而不去考虑它的实际效果，这样的劝谏只能给下属带来灾祸。我们衷心地劝诫每一位下属，一定要在公开场合给领导留面子。

怎样赢得领导器重

　　对于上班族来说，最重要的就是获得领导的器重，得到领导的器重你就会获得很多机遇，这是每一个上班族梦寐以求的事。然而，想得到领导器重也不是轻而易举的事，你得多付出努力才行。

　　（1）勇于担当重任

　　作为领导，他关心的是怎样才能创出政绩。诚然，政绩的取得离不开下属的配合。一个单位的工作涉及方方面面，单靠领导一个人是根本无法做好的。这时候，领导会把一些工作分配给下属去做。一般情况下，谁都想少出点力，多捞点好处。但是，对于领导来说，单位中一些吃苦受累的重活必须有人替他分担，在别人推脱的时候，如果你站出来替领导把重担挑起来，领导必定会对你刮目相看。因为大多数领导都不喜欢那些在工作上和他讨价还价的下属，他只欣赏那些能为他着想、为他分担重任的下属。

（2）干好本职工作

工作做得好坏是领导对下属的一个评判标准，在一个单位中，每个岗位的工作都与本单位的整体利益有直接关系。如果有一个岗位的工作没有做好，它必然影响到整体利益。

干好本职工作是下属受到领导器重的前提。对于一个连本职工作都干不好的人，有哪个领导会喜欢呢？

一般情况下，领导都很赏识聪明、机灵、有头脑、有创造性的下属，这样的人往往能出色地完成任务。

所以说，要想得到领导的器重，你必须把本职工作干好。

（3）学会把功劳让给领导

中国人在讲自己的成绩时，往往会先说一段套话：成绩的取得，是领导和同志们帮助的结果。这种套话虽然乏味得很，却有很大的妙用：显得你谦虚谨慎，从而减少他人的忌恨。

好的东西，每一个人都喜欢，越是好吃的东西，越是舍不得给别人，这是人之常情。要是你有远大的抱负，就不要斤斤计较成绩的获得你究竟占有多少份，而应大大方方地把功劳让给你身边的人，特别是让给你的上级。这样，做了一件事，你感到喜悦，上级脸上也光彩，以后，少不了再给你更多的建功立业的机会。否则，如果只会打眼前的算盘，急功近利，则会得罪身边的人，将来一定会吃亏。

但需要注意的是让功一事不能在外面或在同事中张扬，否则不如不让功的好。对于让功的事儿，让功者本人是不适合宣传的，自我宣传总有些邀功请赏、不尊重上司的味道，千万使不得。宣传你让功的事儿，只能由被让者来宣传。虽然这样做有点埋没了你的才华，但你的同事和上司总会一有机会就会设法还给你这笔人情债，给你一份奖励的。因此，做善事就要做到底，不要让人觉得你让功是虚伪的。

（4）要学会交谈

作为下属，即使自己才华横溢，也不要在领导面前故意显示自己。不然的话，会让领导认为你是一个自大狂，恃才傲物，盛气凌人，而使他在心理上觉得你难以相处，彼此间缺乏一种默契。

领导也需要从下属的评价中，了解自己的成就以及在下属心目中的地位，当受到称赞时，他的自尊心会得到满足，并对称赞者产生好感。因此，你在交谈时，对于领导的优点、长处，可以毫无顾忌地表示你的赞美之情。

谈话时尽量寻找自然、活泼的话题，令他充分地发表意见，你适当地做些补充，提一些问题。这样，他便知道你是有知识、有见解的，自然而然地认识了你的能力和价值。

不要用上司不懂的技术性较强的术语与之交谈。这样，他会觉得你是故意难为他；也可能觉得你的才干对他的职务将构成威胁，并产生戒备，从而有意压制你。

（5）忠于领导

上级对下级最看重的一条就是下级是否对自己忠心耿耿，忠诚对领导来说更为重要。比如一些单位的司机都是领导的"自己人"，如果不是自己人，一些在车上的谈话，办的一些私事被传出去，会造成影响。

因此，要成为领导的自己人，就要经常用行动或语言来表示你信赖、敬重他，领导在工作中出现失误，千万不要持幸灾乐祸或冷眼旁观的态度，这会令他极为寒心。能担责任就担责任，不能担责任可帮他分析原因，为其开脱。此外，还要帮他总结教训，多加劝慰。

在工作单位里，领导的好恶有时会决定一个人的命运，所以多花点时间、多下点功夫去赢得领导的器重，你绝对不会吃亏。

正确处理与领导的关系

作为一名员工，几乎每天都要与领导接触，如果能够正确地处理你与领导之间的关系，那你就会更加顺风顺水。

那么好的方法是什么呢？

（1）常请示，常汇报

你是不是常常向上司询问有关工作上的事？或是自身的问题，有没有跟他一起商量过？

如果没有，从今天起，你就应改变，尽量地发问。一个未成熟的部下，向成熟的上司请教，这并不可耻，而且理所当然。千万不要想："我这样问，对方会不会笑我？我是不是很丢脸？"如果你这样想，那就太多虑了。

（2）帮领导背背黑锅

多留心领导的喜好，会做人才能受器重有心的上司，都很希望他的部下来询问。部下来询问，就表示他（她）在工作上有不明之处，而上司能解答，可以减少错误，上司才放心。

如果你假装什么都懂，一切事情都不想问，上司会觉得："真伤脑筋，这个人是不是真正了解了呢？"从而感到担心。当上司尚未叫你到他眼前，你应先自动地去问："关于这件事，这个地方我不太了解。"或："这一点是不是可以这样理解，不知经理的意见如何？"

上司一定会很高兴地说："嗯，就照这样做！"或："大体上就这样好了！"对你设想不到的地方加以补充，并将不对的地方加以纠正。

（3）以最快的速度汇报新信息

在外面听到任何新的消息，回公司后，就要尽快地向上司报告。尤其是有生意往来的客户或相关行业界的情报消息，上司一定是求之不得。

一般说来，地位越高的人，对情报的渴望度就越强。关于重要客户的情报更是"听"之唯恐不及。因为即使一些表面上似乎微不足道的事，对上司而言其中或许就藏有玄机，如客户中的职员或亲属有人要婚娶，或是客户的交易状况与金融动态等等。

上司若能从部下处得知详细情报，就可以掌握先机展开行动，这样至少不会输给同行业的竞争对手。

一个能经常取得珍贵情报的部下，无异于如上司的左右手一般重要。因此，做部下的一旦得到新消息，不论事态大小，都要尽快地向上司反映，而上司对这种部下当然也印象特别深刻。

迅速传达情报，就是部下对上司的一种"敬业"的行为。部下的敬业对上司是再好不过的，它至少会让上司沉醉在身为上司的优越感中。

（4）别忘了在他人面前称赞上司

当着上司的面直接给予夸赞，虽然也是一种"奉承"上司的方法，却很容易招致周围同事的轻蔑。而且，这种正面式的歌功颂德，所产生的效力反而很小，甚至有反效果的危险。

与其如此，倒不如在公司其他部门，上司不在场时对其适度称赞一番。这些赞美终有一天还是会传到上司耳中的。同样地，如果您说的是一些批评中伤的话，迟早也都会被泄露出去的。一个精明能干的上司，即使在他管不到的部门内，必定也会安置一两名心腹的。

自己的下属在其他部门是否受欢迎，这也是上司很在意的事情。自己的部下很得人缘，上司也会觉得自己很有光彩。如果又知道，那位部下在其他部门中不遗余力地称赞他，不用说，上司对那位部下的好感度是直线上升的。

不过，要特别注意的是，如果一个下属和其他部门的人，尤其是和其他部门的上司走得太近，这时，直属上司可能就会不高兴，人总是有猜疑心的。

（5）坐在上司的身边

常见到有这种情景，在事先没有安排座次的座谈会或某些较随意的场合，许多下属都争着坐在离上司较远的地方。有时上司主动招呼下属向他靠拢，但下属却惴惴不敢从命。

也许有的下属怕坐在上司旁边，被人在背后说拍领导马屁，结果好像领导身边就成了禁区。其实，如果心地坦然，敢于坐在自己的上司身边，恰是一种自信自强的表现。你想，坐在上司身边，就意味着要随时应答上司的谈话。上司会从你的举止谈吐中感觉你的素质与风度，还会从你对事物的分析中看出你认识问题的水平，甚至能从你那不卑不亢、有礼有节中感受你的人格魅力。一个对自己的素质修养和业务能力充满自信的人，是不怕同领导坐在一起的。相反，有了与领导面对面沟通与交流的机会，会促使领导慧眼识才，更进一步地了解自己。同时，你也可以在同领导的交谈与探讨中，更深入地了解领导，学习许多新的东西。正如同有的秘书常在领导身边，对领导的认识水平与办事经验言传身教、耳濡目染，从而"胜读十年书"，获益匪浅。

　　总而言之，你应该常常跟在领导左右，如果你总是怕人说三道四，而甘当"后排议员"，那你就永远也无法引起领导的注意，所以你要学着会做人。

向上司承认你的不足

　　"我不知道"，"我错了"，这两句话是为人下属者最不敢、也不愿讲的话，他们生怕讲出来后会被领导小看或责骂。其实不然，说出来，只会让领导觉得你更真诚、更值得信任。

　　在这个世界上，天才很少，全才更是没有，每个人都有自己的特长，也有自己的弱项。孔子曰："知之为知之，不知为不知，是知也。"对某些事情不知道或不甚清楚并不是什么可耻的事。说出来，会让人觉得你更诚实，而不是更无能。

当领导跟你讨论或交代某件事情，而你恰恰没想过这事或还没考虑成熟，切不可不懂装懂地胡侃或胡乱地应承下来，因为你的说法是经不起推敲的，它会让领导觉得你是胡说八道，甚至对你说过的、知道得很清楚的东西都产生了怀疑。胡乱应承下来更是后患无穷。你没有明白其中的意图或对其真实情况都不熟悉甚至不知道，这事你怎么做？

这时候，说一句"我不知道"，"我还不太清楚"都会显得你严谨踏实、谦虚谨慎。这句"不知道"会让你了解更多的信息，或者得出与你的想法的比较，以利你选择更有效的方法。

一代名臣刘伯温就曾犯过一次不知而妄言的错误。一年，天大旱。太祖朱元璋找曾经为他卜过卦的刘伯温询问该怎么办，刘伯温对此事并无把握，但还是匆忙奏上一本："士卒亡故者，其妻悉数别营，总共有数万人，阴气郁结。工匠死，尸骨暴露，吴将吏降者皆编军户，足干和气。"太祖看完奏表，马上着手革除这些弊端。但过了数日，旱情依旧，天公依旧没有下雨。太祖就非常生气，认为刘伯温欺骗了他，甚至对他的占卜能力也产生了怀疑，尽管以前曾屡有灵验。

刘伯温一时逞强，畏言"不知道"，就招来了朱元璋的另眼相待，可说是在朱元璋那里为自己的形象抹了一把黑。

"我错了"，这句话说出口更需要勇气。

"如果你想不犯错误，除非你什么都不做。"但人生在世，总有那么多事情要做，也就总有那么多次犯错误的可能。不论什么样的笨蛋都会为自己辩护，而且很多人都是这样做的。但纸怎能包住火，并且掩盖了一时，能掩盖了一世吗？知错认错这才是你的最佳选择。

明明是你错了，你还要去掩盖，这会让领导觉得你不肯承认错误，不能正视现实。而且，为了掩盖你的错误，你还可能会犯另一个错误以起到掩盖的目的，你就会越陷越深。只有承认错误，及时纠正，才会把过去的错误丢掉，重新做起，这样才能一步一步走向成功。

做错了事情，勇敢地承认往往还会给你带来心理上的轻松，认错能有效地消除内疚心理导致的防御心情，让你丢掉思想包袱，这不也是一件好事吗？

工作中出了差错，明知无论如何都要受到批评，抢在领导批评之前承认自己的错误会更好，因为这样一来，十拿九稳地会获得领导的同情和宽容，而你所犯的错也会最大限度地缩小。何况，自己认错不是比忍受批评感觉更好一些吗？

沃勒是一位美术设计师，他为约翰逊总统设计一份宣传品后，突然收到了总统的电话，说设计有点问题。沃勒急忙赶到，看完宣传品后果然发现了一处错误。于是沃勒说："总统先生，您说得对，我错了，我没有任何理由为自己辩护，我应该做得更好，我很抱歉。"

总统却开始莫名其妙地为他辩护起来："你是对的，不过，你确实犯了一个错误，只是……"沃勒打断了他的话，说："任何错误，都可能造成很大的损失，而且任何错误都会令人不快。"总统想插话，但沃勒继续讲道："您给我这个机会，您应该是满意的，因此，我把它重做一遍。"

"不！不！"总统立即表示反对。"这仅仅是一个细节问题，并且也没有造成损失，你只需做局部改动就可以了。"

之后，总统又把新的任务交给了沃勒。

这样看来，承认自己所犯的错误会帮你解脱麻烦。沃勒承认错误的急切心情让总统火气顿消，纠正错误的诚恳态度又让总统不忍心为难他。

多数人都会为自己的错误辩护，而你勇于承认错误就会显得难能可贵，会特别引起领导的注意和信任。

诸葛亮率军在祁山与魏军对垒时，马谡因为骄傲轻敌，一意孤行，最后街亭失守。诸葛亮挥泪斩马谡后，自请降职三级。

当时诸将都觉得诸葛亮不必如此自责，胜败乃兵家常事，人非圣贤，孰能无过，连刘禅也觉得诸葛亮不必如此。其实，诸葛亮自己也有诸多开脱的理由，马谡指挥本已违背了诸葛亮的部署，又不听大将王平之劝阻，才有此役之败。但诸葛亮自责用人不当，坚决要求降职三级，使刘禅颇为感动，更添信任。于是，时隔不久，便找了个机会复了诸葛亮的职。

古语云："知错能改，善莫大焉。"但要"能改"，得先"认错"，所以我们认为敢于说"我错了"，也是"善莫大焉"，因为认识到自己的错误，承认自己的错误，就是承认自己在哪些方面有欠缺，就会加以纠正和弥补，从而沿着正确的轨道走向成功。

每个人都非全才，力有不逮时或犯了错时，就要勇敢地承认，领导会乐于帮你的忙，硬撑着只会让问题越弄越糟，到最后你在领导心目中的形象也会大打折扣。

从容应对上司的指令

下属做出了错误的决定，身为上司可以直接向下属指出来，而无须诸多顾忌，但假如出现了相反的情形，作为下属者又该采取什么对策呢？

在向上司指出他所犯的错误之前，下属有一点必须先弄清楚：无论怎样上司始终是上司，他虽然犯了错，下属仍要注意维护他的权威；如果直接指出他的不是，只会招致上司的反感，小则大骂，大则炒鱿鱼、降职或调职。所以，如果上司真的做出了错误的指令，你也只能委婉地劝他改正，直来直去只会自讨没趣。

永乐皇帝闲着无事，想到江西吉安一带游玩，便传下圣旨，要吉州知府筑路修桥接驾。

刚刚考中学士的解缙得知此事，暗暗思忖：皇上每次巡游奢侈挥霍，百姓税收加重，劳役陡增。这次一定要设法劝阻皇帝，打消巡游念头，使吉州百姓免受灾难和荼毒。于是，他连夜赶写了奏折，次日上朝，面奏皇上。

永乐皇帝一见奏文，勃然大怒："解缙，天子出游，乃施恩泽于民间，你因何阻挠？真乃狗胆包天！"

解缙不慌不忙地说："皇上息怒，解缙上疏，实为龙体之安！皇上有所不知，吉州自古有'吉水急水'之称，那里山高无路，唯有从水路走，水急浪大，岂不惊了圣驾。"

永乐皇帝说："我命吉州府打造巨舟，岂有镇不住'急水'之理？"

　　解缙笑道："纵然有巨舟，却难过峡江县。江西俗话'峡江峡江，奈断手掌'，那里江窄暗礁多，莫说巨舟，就是竹排也很难通过。"说着，解缙招了招手，下官捧来一条扁鱼。解缙呈上并说："皇上请看，此鱼产于峡江，由于江窄，久而久之，连鱼身子也挤扁了。"永乐皇帝一看信以为真，心想还是不冒这个险吧！便取消了游吉州的打算。

　　解缙用自己敏变的才智，为吉州人办了件大好事。在中国历史上，有些忠贞之士敢于在皇帝做出错误决定时犯颜直谏，这些人最后往往落得悲惨的下场。与之相比，解缙的做法就聪明多了，他劝阻皇帝巡游，不提巡游扰民，仅说是为了"龙体之安"，结果成功地说服了皇帝。

　　如果上司做出了错误的指令，你不妨试试以下几招：

　　（1）暗示法

　　接到不恰当的指令时，你觉得不能执行或无法执行，可先给上司以某种暗示，让其悟到自己的指令不甚恰当。有些指令不恰当，不是因为上司素质差、水平低，而是没考虑周全，或是只看到了事物的表象，没看到事物的本质。你稍加暗示，他可能就会马上意识到。

　　（2）提醒法

　　有些不恰当的指令，可能是上司不熟悉、不了解某一方面的情况，有的可能是上司一时遗忘了。你明白地提醒他，上司认识到了，一般都会收回或修正指令。当然，提醒不是埋怨，也不是直通通、硬邦邦的批评。提醒要讲究策略，语气上尽可能委婉些。

　　（3）推辞法

　　对上司不恰当的指令，有的可以考虑推辞。推辞要有理由，有的可从职责范围提出，譬如说："总觉得这件事不是我的职责，要不，同事关系就不大好处理了。"有的可从个人的特殊情况提出。但不管从哪一方面，理由一定要真实和充分。你推辞了，有的上司还可能会这样问："那你觉得这件事应该由谁来做？"你不能随便点名，也不要随口说"除了我，其他谁都可以"之类的话，比较巧妙的回答是："这事谁来做，我了解得不全面，还是您来定夺好。"推辞不是要滑头，而是委婉地拒绝。

（4）拖延法

有些不恰当的指令，是上司心血来潮时突然想出来的，并要你去执行。倘你唯命是从，马上付诸行动，那就铸成了事实上的过错。对这种上司心血来潮而向你发出的指令，如果你在暗示或提醒都不能将其妥善地处理，推辞也没多少理由时，那么，最好的对策就是拖延。虽然默认或口头上答应，实际上迟迟不动。若闲着不动，上司会产生疑心的，因此，你必须忙别的事作为拖延的理由，应付上司的追问。拖延法是消极的，但对有些非原则性问题的不恰当指令，只能如此。你拖延了一段时间后，上司的头脑冷静了，或许有了新的认识，就可能收回指令，或让其不了了之。

需要注意的是，如果上司做出的是明显违反法规的指令，那么下属就应该坚决拒绝，并明确向上司陈述理由，虽然拒绝上司的指令需要承受压力，但涉及原则问题，只能拒绝，别无他法。

应对四种"糊涂"上司

并不是所有的上司都精明能干，生活中你也会遇到一些"糊涂"的上司，但他可以糊涂，你却不能糊涂，相应地，必要时不妨针对其特点，以"假糊涂"来对付他的"真糊涂"。

（1）健忘型上司

有的上司很健忘，明明在前一天讲过某一件事，可两三天后，他却说根本没讲过，或者在前一天他讲的是这个意思，可过了两三天，他却说是那个意思。他常常颠三倒四，也常常丢三落四。

对于这样的上司，对付的方法是：当他在讲述某个事件或表明某种观点时，下属可装作不懂，故意多问他几遍，也可提出自己不同的看法，以故意引起讨论来加深上司的印象。在最后，还可以对上司的陈述进行概括，用简短的语言重复给上司听，让他也牢牢记住。

有的上司，明明你在上午把某个材料送给他了，下午他会一本正经地说根本没拿，重新向你要。

对这样的上司，最好的办法是：送材料时不要一放就走，或托人转送，可适当延长接触时间，也可对材料做些具体解释，如有旁人，要让他们也知道有这样一个材料，以扩大影响，增加旁证。如是重要材料，可要求上司签字，尽量不要托人转送。倘必须转送，可在送前或送后再打个电话给上司以说明。

如果你是秘书，接到上级的文件或书面通知，要你们上司参加会议或活动等，就要把通知直接给他，并把有关时间、地点、所带物品等要素用他的笔画出来，或者把它写在上司的台历上。假如是电话通知，可把具体内容转写成书面通知，直接送交上司，如人不在，可放在办公桌上，但事后见面时要重复一下。

（2）模糊型上司

有的上司在布置工作任务时含含糊糊、笼笼统统，从来没有明确具体的要求；有的既可理解成这样，又可理解成那样；有的前后互相抵触，下属根本无法操作和实施。一旦你去做了，他就会责怪，说他的要求不是这样，你弄错了。

对经常是这样的上司，在接受任务时，一定要详细询问其具体要求，特别在完成时间、人员落实、质量标准、资金数量等方面尽可能明确些，并一一记录在案，让上司核准后再去动手。

你去请示某项工作，要求得到具体指示或明确答复，可有的上司却"嗯嗯啊啊"一通之后，没有明朗的态度，有的只是说"知道了"，有的则是说"你看着办"。有时，请示或汇报的事具有相互排斥性，即要么行要么不行，有的上司却也没有明确的表示。

为了避免日后不必要的麻烦，做下属的可反复说明旨意，并想方设法诱导其有一个明白的判断。

必要时，可采用提供语言前提的方法，如："您的意思"让上司续接，或者用猜测性判断让上司回答，如：您的意思是不是×××？当上司有了一个比较明确的判断之后，立即重复几遍加以强化，也可进一步延伸，"假如是这样，那就会如何？"

（3）马虎型上司

有的上司做事很马虎，常常做些啼笑皆非的事，弄得下属们无所适从。有的对上面的文件不仔细研读，对上级召开的会议不认真参加，在没有完全理解基本精神的前提下就发表意见，提出看法，或公开传达。

A 公司的马经理和秘书去局里参加房改工作会议。开会时，马经理不是说说笑笑，就是进进出出，很不认真。回本公司传达时，他只照本宣科。当职工提出具体问题时，他语塞了，无法解说清楚，有些地方自己也没理解。

此时有人就问在场的秘书。面对尴尬的上司，秘书回答得很巧妙，他不说经理没认真听，也不对问题做具体解释，而是说这些问题上面也没确定，待过几天去问问再做答复。其实，秘书是清楚的，只是为了照顾上司的面子而故意这样说的。

事后，秘书就职工提出的问题一一向上司做了解释。秘书这样做，虽然有点假的成分，但从人际关系的角度来说，是完全可行的。

有些上司，对下级的申请、报告、汇报等材料没有仔细看完就定下结论、就签字批示。对此，下级要根据具体情况分别对待，如对自己非常有利，但超过了应有的范围，不要秘而不宣，可含笑指出其不当；倘若对自己不利或非常不利，可做出必要的解释，切勿急躁，切勿过分地责怪、埋怨，以免个别糊涂的上司恼羞成怒而固执己见、一错到底。有的材料或事件很紧急、很重要，可有些上司却漫不经心，把它搁置在脑后。

对这样的上司，唯一的办法就是反复申明、多次强调，最好三四个人轮番强调，促使其引起重视、认真对待。

（4）无知型上司

这里的无知，指的是不明白、不懂、不明智、外行。有些上司明明自己不懂、外行、不擅长，但他有时装懂、装内行，他想显示自己，他要横插一手，有的还要瞎指挥。

对这样的上司，可分别对待。如是重要的、带有原则性的问题，下属可直接阐明观点，或据理力争，或坚决反对；倘若是无关大局的一般性问题，下属则可灵活对付，尽量避免正面冲突和矛盾的激化。

不要忽略了与糊涂型上司的人际关系，跟糊涂的上司打交道显然需要多花些心思，但好处是比较容易获得对方的倚重，而且一旦有机会，他也会不吝于提拔你。

与上司"心有灵犀"

在人际交往中，要想赢得上司的好感，就要多琢磨上司的心事，准确领会他的意图，这样才能投其所好，所以这门"心有灵犀"的功夫是非练不可的。

能够揣摩上司的意图，并"对症下药"的人才能官运亨通，不善于领会意图的人只能自讨苦吃。

在日常生活中，待人处世也应做到知己知彼，"见什么人说什么话"，对不同的人运用不同的交往之道，随机应变，才能事事顺遂。比如，在和领导相处时，就要根据领导的性格特点和其好恶，对自己的为人处世方式做一些必要的修正，以便迅速赢得领导的好感，建立起一定的感情。

在此基础上，领导才会有兴趣深入了解和考察你的才干，并使你"英雄有用武之地"。

张强为人热情大方，很善于与各种各样的人打交道，在调到一个新单位后，他首先想到的是如何赢得领导的好感和赏识。在做了一番调查后，他得知领导为人保守，就以循规蹈矩的形象出现在领导面前。

在初步赢得领导的好感后，张强就想发挥自己热情、乐于助人、慷慨大方的优点，主动与领导交往、建立友谊。不料，领导为人孤僻多疑、喜欢独处，对张强的热情颇不习惯。张强碰了几次壁后，就决心改变策略，去顺应领导的性格特点，不再经常围着领导转。

后来，张强发现领导有一个最大的爱好——打网球，于是他就苦练了一段时间的球艺，然后频频在领导常去的一家俱乐部露面，并每次都是和领导在一起对阵、切磋球艺。此举果然奏效，在球来球往中领导渐渐放松了心理防卫，与张强成了朋友。

经过一番交往，领导水到渠成地了解了张强身上的优点和才干，在工作中对他予以重用。张强投其所好、出色地把自己推销给领导，从而赢得了事业上的成功。

由此可见，投其所好不仅是一种做官的手段，更是一门高超的处世艺术。赢得上司好感，不一定要天天围着上司溜须拍马，而是要你仔细观察上司的兴趣、爱好、个性，即使做不到和上司"心心相印"，但至少不必"哪壶不开提哪壶"。

第八章

恩威并重的管理法宝

——与下属相处应张弛有道

对部下和员工应该如何统御呢？成功的经验是：应该以慈母的手，握着钟馗的剑。也就是说平时对下属要关怀备至、要有人情味，但下属犯错误时则要严加惩罚，绝不手软。恩威并施，宽严相济，这样才能团结下属，让他们对公司产生信任感，为了共同的目标而努力。

学会赞美下属

鼓励和赞美之所以能对人的行为产生深刻影响，是因为它满足了人的自尊心的需要。重视赞美的作用，适当地赞美下属，是领导者的有效管理办法之一。

有一个厨师擅长做烤鸭，然而他的经理却吝于给他一句赞美，这让厨师感到很难过。有一天，一个客人发现烤鸭只有一条腿，就向经理投诉。经理很生气地让厨师解释是怎么回事，厨师笑着说："咱们养的鸭子本来就是一条腿啊！"经理自然不信，两人一起来到后院，只见鸭子都趴在地上休息，只有一条腿露在外面，经理一拍巴掌，鸭子吓得连忙跑了！经理生气地说："它们不都有两条腿吗？"厨师很镇静："经理，那是因为你鼓掌，它们才露出另一条腿的！"这时经理才明白厨师的意思。

每个人都需要赞美、需要精神鼓励，一个人在完成工作后总希望尽快了解自己工作的结果、质量、社会反馈，如果受到的是积极的肯定，那他工作起来就会更有信心。

一番赞美，会给人带来满意和愉快的情绪体验，给人以鼓励和信心，让人保持这种行为，继续努力。

同时，人们需要通过尽快地了解反馈信息，对自己的行为进行调节。巩固、发扬好的方面，克服、避免不好的方面。如果反馈不及时、事过境迁，这时的赞美就没有太大的作用了。

一般说，高层次的需求是难以满足的，而赞美之辞，部分地给予了满足。这是一种有效的内在性激励，可以令人激发和保持行动的主动性和积极性。当然，作为鼓励手段，它应该与物质奖励结合起来。行为科学的研究指出，物质鼓励的作用，将随着使用的时间而递减，特别是在收入水平提高的情况下，更是如此。

有一个金香蕉的故事颇能给人以启示。在福克斯波罗公司的早期，急需一项性命攸关的技术改造。有一天深夜，一位科学家拿了一台确实能解决问题的原型机，闯进了总裁的办公室。总裁看到这个主意非常巧妙，简直难以置信，便思考该怎样给予奖励。他把办公桌的大多数抽屉都翻遍了，总算找到了一样东西，于是躬身对那位科学家说："这个给你！"他手上拿的竟是一只香蕉，却是他当时能拿得出的唯一奖励了。

自此以后，香蕉演化成小小的"金香蕉"——别开生面的别针，以此作为该公司对科学成就的最高奖赏，由此看出美国福克斯波罗公司对及时赞美的重视。

不仅是重大的科技成果要及时予以奖励，就是对下属的点滴微小成绩，上司也应引起重视，及时加以鼓励。美国惠普公司的市场经理，一次为了及时表示酬谢，竟把几磅袋装果子送给一位推销员，以鼓励他的成绩。另外一家公司的一位"一分钟经理"，提倡"一分钟表扬"，即"下属做对了，上司马上会表扬，而且很明确地指出做对了什么，这使人们感到经理为你取得的成绩而高兴，与你站在一条战线上分享成功的喜悦。一共花一分钟时间"。这位经理的经验是,帮助别人产生好情绪是做好工作的关键。正是在这种动机的指导下,他实行了"一分钟表扬"。这样做有三重意义:一是表扬要及时;二是表扬准确无误,不是含含糊糊;三是与部下共享成功的喜悦。

及时表扬是一种积极强化手段,它可以使员工和部属很快了解到自己行为的反应,有利于巩固成绩、向前发展。有些主管却喜欢不动声色地观察别人的成绩,加以"储存",然后在适当的时候才找出来"提一提"或奖励一下,其效果已经减弱了一大半了。我们应该接受"金香蕉"的启示,像"一分钟经理"那样,及时赞美。精明的领导都善于用赞美去激励下属,使下属为我所用,无论从哪方面讲,赞美都可以称得上是花费最小、收益最大的管理技术,所以,如果可以的话,多多赞美你的下属,你会发现自己会因此而受到更多爱戴。

责备下属要有技巧

对待下属要奖惩分明,下属表现出色时,要及时表扬,当他们犯了错误时,就要责备。但责备员工时也要注意维护他们的自尊和干劲,尽量避免引起对方的反弹情绪。

责备员工要恰到好处,领导者主要要注意以下几方面的问题:

(1)如果员工在工作中出现了失误,一定不要在大庭广众之下责备他。人人都爱面子，如果你在大庭广众之下责备下属，就等于是在驳他的面子，那么即使你责备得很有道理，他心中必定也不服气。

有一个连长脾气很火爆，一次组织新兵训练时，发现某排动作迟缓，准备工作做得乱七八糟，就把排长叫出来骂了一通，没想到那个平时沉默寡言的排长居然在众人面前顶了他一句："训练普遍有问题，你凭什么只盯着我们排？"事后，两人聊了一次，那个排长说："上次我工作做得是不太好，如果你是在私底下骂我，那我绝对没的说，可你不应该在那么多人前骂我呀！丢了面子，以后我还怎么管新兵？"

批评下属是为了让他纠正错误，所以你必须选择他能接受的方式。如果你在人多的地方大声批评他，那就不是为了督促他改正错误，而是为了发泄你的怨气了。

（2）责备是对别人的否定，而否定又有轻重之别。有鉴于此，就需要区别对待。严厉的责备是最糟的沟通方式，说出的话就像被砍断的树一样，很难再挽回了。

有的职员因为本身的原因，常常缺乏干劲，工作没有主动性。对于他们需要调动主动性，你指责他一通，也无济于事，主动性必须从其内心激发出来。对待他们的指责只能是隐晦的，在表面上要进行激励。

如他喜欢养花，可以将他的工作和花儿进行联系，就能引起职员的积极性，使他认真、热情地去工作。不仅如此，这种激励的方法还能使职员产生一种责任感，而责任感恰恰是做好工作的前提。

如此一来，职员必能心服口服，愉快地接受你的责备，因为他的努力得到了承认，他的积极性得到了肯定。

（3）人们在受到责备时，都会感到不痛快。但是林子大了，什么鸟都有，有一种特殊的人，挨了责备却"潇洒"得很，任你怎样批评，他只听之任之，我行我素，依然如故。

有位女经理，精明强干，手下的一班干将也都十分出色。但前不久，她的秘书因为迁居别处而调走了，接任的是一位刚刚毕业的大学生。这位新来的女大学生，做事又慢又马虎，常常将印过的资料不加整理便交出去，办公桌上也乱七八糟。转眼 3 个月过去了，她的毛病还是没改。而且，这个女孩对于任何批评、责备，都只当做耳边风。后来，那位女经理决定改变责备方式，只要一发现她的优点就称赞她。

没想到，这个办法竟然很快奏效了，仅仅十几天，那女孩就好了很多。一个月后，她做出了非常显著的工作成绩。

可见，责备这种职员应该从另一个角度进攻，利用称赞来使他们改掉毛病，进而增加你所领导的整体的工作效率。

不当众责备职员当然是最好不过的，可是，每位领导都有各自的性格特点，有些领导比较容易冲动，特别是看到职员犯了比较严重的错误，严重影响全体的时候，就可能按捺不住心中的火气，当众责骂起职员来。这时，就好像是"丢了羊"一样。为了防止继续"丢羊"，就必须立即采取"补牢"的措施，使你因一时冲动而产生的副作用减至最小。

某位经理脾气比较暴躁，并且对工作总是一丝不苟，如果看到部门经理工作不负责任，或者令他不满意，就会情不自禁地要当时当地、直截了当地指出来。

尽管经理这样做是为了工作，部门经理心里也明白，知道经理并不是责骂他一个人，但是心里毕竟不是滋味。

事后，经理冷静下来，知道自己太过于冲动了，而且后来对部下解释说，这个部门平时工作也是十分出色的，只是因为这种情况，因而有些小错，但工作成果还是可观的。

于是，经理马上进行了"补牢"工作。他在那天下班之后派人把部门经理找来说："今天委屈你了，首先怪我太冲动，没有十分了解情况，对你的责备不当，请原谅。不过，你们部门的工作仍需要提高，相信你能做到这一点。"

几句话使部门经理的心得到了安慰，同时又有一种被信任感，再大的委屈也就飞到九霄云外了。

俗语说："打人一巴掌再给一个甜枣，"虽然不能轻易地"打一巴掌"，但既然已经"打"了，给与不给"甜枣"，效果便会大不相同。丢了羊，再补牢这便是一个不是办法的办法，当你一时冲动，当众责备了你的部下时，不妨试试这个办法。

责备下属最忌讳的是批评不准确，与事实不符最容易引起反感与对抗，所以责备下属前一定要把各方面的事实和情况搞清楚，说话要有根据。

用宽容来打动人心

上司笼络下属通常采用升官职、给钱财两种手段，其实有时上级对下属不必付出实质性的东西，而只要通过某种表示、某种态度，便能给下属最大的满足，他们会因而对上司感恩戴德，更加忠心耿耿地为其效劳。

汉文帝时，袁盎曾经做过吴王刘濞的丞相，他有一个从史与他的侍妾私通。袁盎知道后，并没有将此事泄露出去，有人却以此吓唬从史。那个从史就畏罪逃跑了。袁盎知道消息后亲自带人将他追回来，将侍妾赐给了他，对他仍像过去那样倚重。

汉景帝时，袁盎入朝担任太常，奉命出使吴国。吴王当时正在谋划反叛朝廷，想将袁盎杀掉。他派 500 人包围了袁盎的住所，袁盎对此事却毫无察觉。恰好那个从史在围守袁盎的军队中担任校尉司马，就买来 200 石好酒，请 500 个兵卒开怀畅饮。围兵们一个个喝得酩酊大醉，瘫倒在地。当晚，从史悄悄溜进了袁盎的卧室，将他唤醒，对他说："你赶快逃走吧，天一亮吴王就会将你斩首。"袁盎问他："你为什么要救我呢？"校尉司马对他说："我就是以前那个偷了你的侍妾的从史呀！"袁盎大惊，赶快逃离吴国脱了险。

战国时，楚庄王赏赐群臣饮酒，正当酒喝得酣畅之际，蜡烛灭了，这时有一个大臣因垂涎于庄王美姬的美貌，加之饮酒过多，难于自控，便乘黑暗混乱之机，抓住了美姬的衣袖。

美姬一惊，左手奋力挣脱，右手趁势抓住了那人帽子上的系缨，并告诉庄王说："刚才烛灭，有人牵拉我的衣襟，我扯断了他头上的系缨，现在还拿着，赶快拿火来找出这个断缨的人。"

庄王说："赏赐大家喝酒，让他们喝酒而失礼，这是我的过错，怎么能为了显示女人的贞节而辱没人呢？"于是命令左右的人说："今天大家和我一起喝酒，如果不扯断系缨，说明他没有尽饮。"群臣 100 多人都扯断了帽子上的系缨而热情高昂地饮酒，一直饮到尽欢而散。

过了 3 年，楚国与晋国打仗，有一个臣子常常冲在最前边，最后打退了敌人，取得了胜利。庄王感到惊奇，忍不住问他："我平时对你并没有特别的恩惠，你打仗时为何这样卖力呢？"他回答说："我就是那天夜里被扯断了帽子上系缨的人。"

从这里，我们不仅看到了袁盎和楚王的宽宏大度、远见卓识，也可以洞悉他们驾驭部下的高超艺术。

无独有偶，公元 199 年，曹操与实力最强大的北方军阀袁绍相拒于官渡，袁绍拥众 10 万，兵精粮足，而曹操兵力只及袁绍的 1/10，又缺粮，明显处于劣势。当时很多人都以为曹操这一次必败无疑了。曹操的部将以及留守在后方的好多大臣，都纷纷暗中给袁绍写信，准备一旦曹操失败便归顺袁绍。

相拒半年多以后，曹操采纳了谋士许攸的奇计，袭击袁绍的粮仓，一举扭转了战局，打败了袁绍。曹操在清理从袁绍军营中收缴来的文书材料时，发现了自己部下的那些信件。他连看也不看，命令立即全部烧掉，并说："战事初起之时，袁绍兵精粮足，我自己都担心能不能自保，何况其他的人！"

这么一来，那些动过二心的人便全部都放了心，对稳定大局起了很好的作用。

曹操的这一手的确十分高明，他将已经开始离心的势力收拢回来。不过，没有一点气度的人是不会这么干的。

有些人只是一味地向欲拉拢的一方施以恩惠，特别是对那些自己以为将要用到的人，更是如此。其实，收拢人心，最重要的是要针对对方的心理。给地位卑贱者以尊重，给贫穷者以财物，给落难者以援助，给求职者以机会等等，这才是收拢人心最有效的方式。

为官者不仅要对部下示以宠信，同时还要向他们显示自己的大度，尽可能原谅下属的过失，这也是一种重要的笼络手段。俗话说："大人不计小人过"、"宰相肚里能撑船"，所以对那些无关大局之事，不可同部下锱铢必较，当忍则忍、当让则让。要知道，对部下宽容大度，是制造向心效应的一种手段。

下属也可以是朋友

上下级关系是因工作需要而确定的，这种关系远不如朋友关系来得稳定，如果能成功地把上下级关系转变为朋友关系，你就掌握了人际协调中的重要动脉。

那么，朋友关系和普通的上下级关系到底有什么不同呢？如果说上下级不在 8 小时以外的业余生活中往来是美国式的话，日本传统的师徒关系则能够深入彼此的生活，极富有人情味。

李兵是某合资公司的业务经理，他酷爱野外攀岩活动。一次，在某俱乐部举办的大型攀岩活动中竟然碰到了业务部的员工张健，原来他也是攀岩爱好者，那天他们在一起聊了很多。此后他们形成了一种奇怪的关系，在公司里是上下级，出了公司是朋友。几个月的时间里他们一起攀爬了市郊的几个著名岩壁，还计划黄金周时一起开车去外地攀岩。两人都很享受这种关系，在工作上他们也配合得更默契了。

很多站在管理者立场上的人，大概都会觉得现在的年轻人不喜欢这种人情味的关系。但这只是这些管理人员自以为是的认识而已。年轻的公司职员们肯定渴望找到与上司更亲密的途径，只是与以前不一样的是：他们更愿意寻找在本公司里建立这种关系的方法，而不想在小酒馆聚会喝酒以联络感情。换言之，是想通过工作来进行朋友式的交流。由于上司不了解他们的这种想法，仅仅以其谢绝 8 小时以外的交往，就错误地认为这些年轻人只需要冷酷无情的上下级关系。可见，这种上司一开始就先入为主地认定年轻人讨厌与自己交往。受此影响，上下级的关系自然不会很融洽，上司在指导年轻人时，也总是采取留一手的态度，其实他们理应对年轻人多多指导。一旦他们认真给予指导时，就会发现年轻人出乎意料地乐于倾听，年轻人是不讨厌上司现身说法的经验之谈的。进一步说，他们更希望听听上司讲述自己如何过五关斩六将、如何走麦城的工作经历。由于上司不了解这一点，又碍于面子，以致自觉不自觉地对部下板起了面孔。由于上司的疏远，做部下的也不便于追得太近，结果就只能敬而远之，彼此之间的鸿沟也就越来越深。这就是最近在公司上下级之间出现隔阂的原因。如果上司心胸再开阔一点儿，问题也就迎刃而解了。以下几点可供管理者参考：

1. 首先需要上司掌握下级对什么感兴趣，并想从你这儿学到什么。到底部下对哪方面的问题感兴趣呢？首先是工作问题。彼此应就直接相关的工作问题坦率地交换意见。如果是在欧美的话，仅凭占用 8 小时以外时间谈工作一条，就可以诉诸法律。当然在日本就不必有这种担心，但也不能在谈话中只围绕这一话题。

2. 其次是有关公司的情况。这不光是本部门、本科室之内的情况。如果公司业务广泛的话，大概部下都会想了解有关其他部门的问题。好容易才进入了一家大公司为什么要做个井底之蛙呢？然而，有太多的上司把全部精力投到完成自己部门的生产指标上，完全不了解其他部门的工作职能，患上了部门孤独症。做部下的都想了解自己所在公司的今后发展方向，非常感兴趣公司将怎样发挥自己的一技之长。而很多上司却每天为完成生产指标而搞得头昏脑涨，自然无法解答上述问题，导致交流难以进行。

3. 第三是公司之外的事。不会进行这方面交流的上司是把公司等同于社会。他们的眼睛看不到外面的世界。这样的上司，怎能成为部下的老师与朋友？外面的世界远比公司要大，不了解社会，意味着个人能力的欠缺。换言之，如果上司无法就社会话题与下级交流，则表明其社会生活能力的低下。年轻人常会认为工作狂类型的上司平淡无味，他们希望看到上司在工作以外的另一面。那些连周末都只知辛辛苦苦加班、到了退休茫然无措的人，确实很难让人感受到其个人魅力。

对于上司所渴望实现的梦想、人生观的变化等等，也是部下想知道的。如果上司不能就什么是生死、什么是爱恨与部下交流的话，两者之间的距离势必会加大。

如果彼此之间就以上内容进行很好的交流与沟通，在上下级之间肯定能产生信赖，下级就会以得到朋友而满足，即使有点儿意见，也会碍于朋友的面子而照吩咐去执行。每个领导可能都碰到过几个问题部属，有的还不断跟部属发生冲突，如果领导都能试着去了解部属而不限于 8 小时以内，甚至跟部属发展一些私人情谊，那么这些问题一定会迎刃而解。

用慈母的手握住钟馗的剑

　　统驭下属是一门复杂的学问，对下属太严，就会引起他们的反抗，对下属太宽，又不利于管理。所以对于下属，应该是用慈母的手握住钟馗的剑，恩威并施、宽严相济。

　　慈母的手、慈母的心，是每一个经营者都应具备的。对于自己的部属和员工，要维护和关怀。因为，他们是你的同路人，甚至是你的依靠。而且，也只有如此，才能团结他们，共达目标。

　　美国威基麦迪公司老板查理·艾伦当选为 1995 年美国最佳老板。他是靠什么当选的呢？一是他每年都在美国的加勒比海或夏威夷召开年度销售会议；二是他非常关心员工的疾苦，能认真听取公司员工诉说自己的困难和苦恼。一旦员工家中有什么事情，他会给一定的假期，让其处理家事。由于他能与员工同呼吸、共命运，深受员工的爱戴。顾客们到他的公司后，看到员工一个个心情愉快，对该公司就产生了信任感，所以公司效益一直很好。

　　和田努力创造一个积极、愉快、向上的内部环境，主要采用爱顾客首先要爱员工的方法。20 世纪 50 年代末，八百伴拟贷款 2000 万日元为员工盖宿舍楼，银行以员工建房不能创效益为由一口回绝。

但是和田夫妇以爱护员工、员工才能努力为八百伴创利的理由说服银行，终于建起了当时日本第一流的员工宿舍。

那些远离父母过集体生活的单身员工，吃饭爱凑合，和田加津总像慈母一样，每周亲自制定菜谱，为员工做出香甜可口的饭菜。

在婚姻上，和田也像关心自己的孩子一样关心他们，他先后为 97 名员工做媒。

5 月份第二个周日是"母亲节"，和田加津想：远离父母、生活在员工宿舍的年轻人，夜里一个人钻进被窝时，一定十分怀念、留恋父母。于是，他专门为单身员工的父母准备了鸳鸯筷和装筷匣。当员工家长在"母亲节"收到孩子寄来的礼物后，不仅给他们的孩子，也给公司发信表示感谢。一些员工边哭边说："父母高兴极了！我知道了，孝敬父母，父母虽然高兴，但是只有让父母高兴，做子女的才最高兴。"

为了加强对员工的教育，除每天班前会之外，每月还定时进行一次实务教育。实务教育中的精神教育包括创业精神、忠孝精神、奉献精神等。和田清楚孝敬父母是与别人和睦相处的基础，把对父母的诚心变成服从上司的领导。正因为能孝敬父母，所以能尊敬上司。所以他总是教育员工要尊重、热爱自己的父母。

对待下属同时还必须严厉，这种严厉基于人类的基本特性而来。一部分人不需要别人的监督和责骂，就能自觉地做好工作、严守制度、不出差错。但是大多数的人都是好逸恶劳，喜欢挑轻松的工作，捡便宜的事情，只有别人在后头常常督促，给他压力，才会谨慎做事。对于这种人，就只能是严加管教，一刻不放松了。

当然，经营者在管理上宽严得体是非常重要的。尤其是在原则和制度面前，更应该分毫不让、严厉无比；对于那些违犯了条规的，就应该举起钟馗剑，狠狠砍下，绝不姑息。当然，平常还应以温和、商讨的方式引导部属自动自发地做事。当部属犯错误的时候，则要立刻给予严厉的纠正，并进一步地积极引导他走向正确的路子，绝不可敷衍了事。所以，一个上司如果对部属纵容过度，工作场所的秩序就无法维持，也培养不出好人才。换言之，要形成让职工敬畏主任、主任敬畏部长、部长敬畏社会大众的舆论。如此人人能严以律己，才能建立完整的工作制度，工作也才能顺利进展。如果太照顾人情世故，反而会造成社会的缺陷。

"无论用人或训练人才，都要一手如钟馗执剑，另一手却温和如慈母，做到宽严得体，才能得到部属的崇敬。"这是松下的管理经验。

当员工的工作表现逐渐恶化之时，敏感的主管必须寻找发生这个现象的原因，如果不是有关工作的因素造成的，那么很可能是员工的私人问题在打扰他的工作。有些主管对这种现象不是采取"这不是我的责任"而忽视它，就是义正词严地告诫员工振作起来，否则自己卷铺盖走人。

无论如何，如果主管希望员工关心公司，那么，管理者首先应关心员工的问题，包括他的私人问题。因此，上述处理的方式可以说轻而易举，但是无法改善员工的表现。比较合理的方法应该是与员工讨论，设法协助他面对问题、处理问题，进而改善工作成效。

精明的领导都是梨园英雄，他们知道什么时候唱"黑脸"，什么时候唱"白脸"，他们知道，只有"黑脸"、"白脸"搭配好，戏才能唱出彩来。

放下你的架子

常有一些领导好摆官架子，他们在工作中甚至在日常生活中表现出一种高高在上、令人难以接受的态度，与周围的人和下级之间保持着相当的情感上的距离。

某先生是一个大型合资公司的中方经理，此君的架子大到无以复加。小职员向他问好他理也不理，公司的中层管理人员甚至是高级管理人员向他打招呼，他也不过冷漠地"嗯"一声。他的脸上永远是冷冷冰冰，即使只比他低一级的管理人员，也觉得自己比他低上好多。公司的员工表面上对他恭恭敬敬，背后却直骂娘，年初董事会将他调走时，他的部属们几乎买鞭炮庆祝，在这位先生担任总经理期间，公司的业绩没有退步，但也没有太大的增长，算是无功无过。其实这位先生如果能够放下架子，积极调动员工的积极性，他也许能够取得更大的成就。

其实，很多领导并不是故意想摆官架子，但他们没有注意下属的心理变化和情绪波动，也没能适时调整自己的行为举止，结果被员工误解为有架子。

一个调查表明，不愿接近领导的人中，有 1/3 的人是因为领导架子大；70% 的人认为，双方关系不融洽的主要责任在领导。

这很能说明一些问题。新步入领导岗位的人，较为容易引人注目，大家在观察、分析他是否称职，他的能力如何，他的思想修养怎样，他的言谈举止是否恰当，他怎样处理与下级的关系等。对自己的经验、能力缺乏足够自信的人，会因此而形成一种心理上的压力，认为别人不会尊重自己、轻视自己。于是，新上任者反而不知如何调整自己的心理距离了。他们往往在行为上就来一个反抗——表面化的威严，这在别人眼里可能就是架子。另一方面对自己的能力、经验有足够估计的新领导，有了发挥自己才干的条件和机会，更多考虑的是如何工作，如何使自己的计划、设想付诸实施。往往会忽略了与大家感情上的交流。都会使人产生消极的心理反应，认为你"摆架子"。

长期处于领导岗位的人，由于工作的多头绪、繁忙，很可能在一些自己不注意的地方造成下级的难堪和反感。有的领导在下属来谈工作时，坐在那儿像个佛爷，既不请坐，也不停下手头的工作，或者是敷衍地哼哼哈哈，给人的印象、在人情绪上造成的影响都是很不好的，有自尊心的人会尽量避免与你的接触。所以，千万不能忽视这些看来是无足轻重的细小行为，礼貌虽然有时只是一两句话，但赢得的不仅仅是工作上的相互配合，更重要的是思想感情上的相通和互相信任与尊重。

另外，领导要注意不要乱发脾气，这样很容易破坏与下属的关系，拉大同下属的距离。

郑是一个白手起家的大老板，他的事业做得很大，但与员工的关系却并不好，原因是他的脾气太暴躁，责骂起员工来一点也不给人留面子。员工私下里说，一定是老板当打工仔时受了太多气，现在把气都发到他们头上来了。郑的一个老朋友看到他怎样对待员工后，叹息着说："你的脾气太大了，太能摆架子了，你想做垃圾堆里的老板吗？"后来郑果然尝到了坏脾气的恶果：他得力的助手一个个离开他，他发现自己再也没有什么可指挥的了，事业也急转直下……痛定思痛，他决定改正自己的缺点，他向全体员工道歉，并表示以后绝不会再乱发脾气，他做到了这一点，以往走掉的员工又慢慢回来了，公司更加团结，事业也成功地走出了低谷。

与下属相处时，千万不要乱发脾气，坏脾气会吓走你的下属，坏脾气会孤立你自己。

有的领导控制不住自己的脾气，下属做错了事，或在批评下属时，对方态度恶劣，便立刻破口大骂。结果在极为生气的情况下，对下属说了许多有伤其自尊心的话，事后却又后悔不已，此时再请求对方原谅，就不是那么容易的事了。下属总是希望领导能以宽容的美德对待自己，但其又常常不真正原谅别人的过错。即使嘴上说了原谅的话，心里仍在想："这家伙，骂我骂得这么难听，你气出完了就叫我来原谅，有这么容易吗？"甚至嘴里、心里都想原谅对方，潜意识中却仍然耿耿于怀。一遇到合适的时机，对对方的反感就会反映出来，所以领导者同下属交往时，千万要注意自己的情绪，不可任意对下属发脾气，以免破坏同下属之间的关系。官架子这种东西，领导最好不要摆，因为它最容易使下属产生反感情绪，阻碍领导与下属的成功交往。

第九章

同事间的相处原则

——与同事的关系当以和为贵

同事关系是办公室人际关系中最重要、最微妙的一种，同事之间既存在竞争又有合作，有互补也有冲突，同事既可以是你的朋友也可以是你的敌人。办公室就像一个战场，如果有很多朋友你就会逢凶化吉，如果周围都是敌人你就会寸步难行，所以应当积极与同事建立坦诚平等、互谅互让的和谐关系，和谐的同事关系会让你的工作和生活都变得更简单、更有效率。

初次交往加深印象

每个人都希望尽快消除和新同事的距离感，拉近彼此的关系，可怎样才能做到这一点呢？

一般人在初次上班与同事拉关系时，总是选择一些无关紧要的话题。例如最典型的谈话："今天天气不错啊！""是啊，暖洋洋的，挺舒服。"

这种公式化的对话很安全，但根本不能给新接触的同事留下深刻的印象，同样地，对方也会觉得你没有什么特别之处。这样的交谈无疑是浪费时间、浪费精力。

也许有人会认为，第一次与同事见面时讲话太冒昧是不懂得社交礼节，所以有所顾忌。其实大可不必考虑这么多。例如你可以很自然地这么说："最近我和妈妈相处不太好，可在昨天我们一起看电视，又聊了一下午，误会完全解开了……"

或者说："这几天太热了，我干脆剃成光头，朋友们都认不出我了……"以自己的近况为题材是一种很好的开场白。

选择说话的内容，要考虑工作场合及时间。只有针对性地发话，才能加深彼此的印象。

初次见面若想给同事留下深刻印象，首先必须先消除彼此间的距离。某单位有一次邀请某位先生上台演讲，他用自嘲的语言一开始就消除了与观众间的心理距离。他说："今天我第一次与各位见面，特意穿了一双漂亮的新皮鞋，不过我好像买的是假冒伪劣产品，你们看新皮鞋张了嘴，脚也起了泡……"

只有尽快地消除初次见面的陌生感，才能给新同事留下深刻的印象。由于我们一半时间都是在工作场合度过，因此说话有时候会流于形式。如何引起新同事注意，就在于如何选择话题。聪明的你，何不运用创意制造奇迹呢？

与任何人会话，都包括了"听"与"说"两部分，所以，这两方面都马虎不得。一般人，往往只注意自己所说的话，而很少注意去思考对方所说过的话。

一般人讲话也还会犯这种毛病：在讲话中，脑中只充满着"接下去该说什么"，而往往没听见对方所说的话。如果对方所讲的话中另有含义，那你根本不可能领会。

会说话的人，在同事们讲话时，都很注意听着，然后适时地提出自己的意见。相反，有的人在同事讲话时，总是故意随时将自己的身体抬高，一副跃跃欲试的样子，一旦有机会，马上插嘴。这种人所讲出的话，往往文不对题，引起同事反感。因此，在会话中应该注意去听同事说话。最理想的会话形式是七分听、三分说。

注意听同事的话，并不表示只听他所讲出的话，还要去注意他的身体、动作，还有眼光、表情所表达的意思，有时连服装、打扮都应该注意。如果都能这样全心全意去聆听同事讲话，那么他一定很高兴，而且会有一种踏实感，觉得你很可靠，因为他觉得他所说的话已受到你的重视，说明你是一个知己，这样也就为你在今后的工作上铺平了道路。

还有，如果你认真地听同事所讲的话，也可以适时地发现问题、提出疑问。例如："为什么会这样呢？"或："嗯！我也有同感。"如果你没有用心听，那你只能勉强含糊地回答说："哦！是这样啊！"

前者的要领就是将同事所说的话，再一次由你表达出来，简单地说，就是和对方同调，这说明你听得很认真，也可以说是借着言词来承认对方的人格。这样关怀的做法，会令新同事们觉得你是个温柔体贴的人，从而对你产生亲近的感觉，为你处理好同事间的关系奠定基础。第一印象是很重要的，你留给新同事的最初印象如何，往往会影响到你们日后的交往，所以初次交往时，你一定要尽己所能，加深对方对你的印象。

利用应酬增进感情

社交中的应酬，是一门人情练达的学问，它可以拉近距离、联系感情。同事间的应酬有很多：小张结婚、大李生子、赵姐升迁、小童生日……你一定要积极一点，帮人凑份子、请客、送礼，因为应酬是最能联系感情的办法，善于交际的人一定会抓住它大做文章。

一位同事生日，有人提议大家去庆贺，你也乐意前行，可是去了以后发现，这么多的人，偏偏来为他贺岁，为什么他们不在你生日的时候也来热闹一番？这就是问题所在，这说明你的应酬还不到位，你的人际关系还有欠佳的时候。要扭转这种内心的失落，你不妨积极主动一些，多找一些借口，在应酬中学会应酬。

比如你新领到一笔奖金，又适逢生日，你可以采取积极的策略，向你所在部门的同事说："今天是我的生日，想请大家吃顿晚饭，敬请光临，记住了，别带礼物。"在这种情形下，不管同事们过去和你的关系如何，这一次都会乐意去捧场的，你也一定会给他们留下一个比较好的印象。

小方上班已经快半个月了，与同事的关系却还停留在"淡如水"的阶段，看着其他同事彼此间亲亲热热，小方真是又羡慕又无奈。这天是周五，行政部的王小姐大声宣布："明天我生日，我请大家吃饭，愿意来的呢，明天下午３点，在公司门口会合！"大家听了都非常高兴，叽叽喳喳议论个不停，当然，小方依旧是被冷落的那一个。"去不去呢？人家又没邀请我！"下班后小方一直在考虑这个问题，最后一咬牙，还是决定去。第二天，他准时来到公司门口，当他把准备好的礼物送给王小姐时，她明显愣了一下，但马上就笑开了，并对小方表示了热情的欢迎。那一天他们玩得非常尽兴，小方还两次登台献艺，办公室里的尴尬气氛就这样打开了，小方也成功地融入了这个集体。

如果没有参加这次应酬，小方可能还得在办公室的"北极地带"继续徘徊，可见应酬确实是联络感情的最好办法，吃喝笑闹间，双方的距离就被拉近了。

重视应酬，一定要入乡随俗。如果你所在的公司中，升职者有宴请同事的习惯，你一定不要破例，你不请，就会落下一个"小气"的名声。

如果人家都没有请过，而你却独开先例，同事们还会以为你太招摇。所以，要按约定俗成来办。这是请与不请、当请则请的问题。

重视应酬，还有一个别人邀请，你去与不去的问题。人家发出了邀请，不答应是不妥的，可是答应以后，一定要三思而后行。

对于深交的同事，有求必应，关系密切，无论何种场面，都能应酬自如。

浅交之人，去也只是应酬，礼尚往来，最好反过来再请别人，从而把关系推向深入。

能去的尽量去，不能去的就千万不能勉强。比如同事间的送旧迎新，由于工作的调动，要分离了，可以去送行；来新人了可以去欢迎。欢送老同事，数年来工作中建立了一定的情缘，去一下合情合理；欢迎新同事就大可不必去凑这个热闹，来日方长，还愁没有见面的机会吗？

重视应酬，不能不送礼，同事之间的礼尚往来，是建立感情、加深关系的物质纽带。

同事在某一件事上帮了你的忙，你事后觉得盛情难却，选了一份礼品登门致谢，既还了人情，又加深了感情，同事间的婚嫁喜庆，根据平日的交情，送去一份贺礼，既添了喜庆的气氛，又巩固了自己的人缘。像这种情况，送礼时要留意轻重之分，一般情况礼到了就行了，千万不要买过于贵重的礼品。

同事间送礼，讲究的是礼尚往来，今天你送给我，我明天再送给你，所以，不论怎样的礼品，应来者不拒，一概收下。他来送礼，你执意不收，岂不叫人没有面子？倘若你估计到送礼者另有图谋，推辞有困难，不能硬把礼品"推"出去，可将礼品暂时收下，然后找一个适当的借口，再回送相同价值的礼品。实在不能收受的礼物，除婉言拒收外，还要有诚恳的道谢。而收受那些非常礼之中的大礼，在可能影响工作大局和令你无法坚持原则的情况下，你硬要撕破脸面不收，也比你日后落个受贿嫌疑强。这叫做"君子爱礼，收之有道"。

应酬，是处理好同事关系的法宝之一，嫌应酬麻烦而躲避它的人，会被人说成是不懂得人情世故，处理好应酬的人必定会受到同事的欢迎。

别用嫉妒来折磨自己

同事之间最容易出现嫉妒，嫉妒别人升迁比自己快，嫉妒别人比自己有才华……嫉妒是一种对人对己两不利的情绪，嫉妒别人其实就是在折磨自己。

胡某、王某两人同年大学毕业，进入同一个单位工作，业务上经常互相交流。但经过几年以后，胡某以其熟悉的业务、精干的办事能力而获得领导的赏识，还评上了高级技术职称。而王某则平平淡淡，无所建树。但他对胡某很不服气，对胡某所获得的一切也很嫉妒，于是给领导写了一封匿名信，诬陷胡某。最终事情败露，被单位给予行政处分，正所谓偷鸡不成反而蚀一把米。

嫉妒，最容易在同事间出现。因为同事大都年龄相仿、职务相当，因此当别人事业上取得了进步后，人们总喜欢拿来与自己比较。一比才发现，自己不如人。但又总觉得不服气，结果便是嫉妒别人。

同事之间如果因嫉妒而你整我、我整你，冤冤相报，何时能了？而每个人每天都要绷紧神经，生活岂不是累死人？自然也就不能建立良好的同事关系了。

并且，爱嫉妒别人的人，自己的日子也不好过。整天嫉妒别人，自己心里也烦恼，老觉得别人比自己高明，对此又不能平静，要嫉妒还要想如何算计别人。这种人活得也很累。

嫉妒，就如心灵上的肿瘤，折磨着有此"偏好"的人。嫉妒还会引发生理上的一些不良反应，医学研究表明，嫉妒容易引起头痛、高血压、胃病、心脏病等，甚至还有因嫉妒而死的事情。

三国时，年轻有为的周瑜因嫉妒诸葛亮的才华，发出了"既生瑜，何生亮"的感叹，断送了自己的生命。其时周瑜在东吴很受孙权赏识，为孙权的股肱之臣。且年仅 30 多岁，正值壮年，却为嫉妒而亡。晋代刘伯玉的妻子因为听到刘伯玉对曹植《洛神赋》中洛神的形象赞不绝口，竟也嫉妒得不行，投河自杀；而奥赛罗的嫉妒则使他杀死了自己的爱妻戴芬莫娜。嫉妒如此让人短寿、伤人性命，人们是不是该去此"痼疾"，活得更滋润、更长寿、恬然自得呢？

嫉妒心理是一种低级趣味，而恰恰有不少人都有这个毛病。其实，社会给每个人提供的创造和进取的机会是平等的，完全用不着彼此嫉妒与排挤。同事之间存在竞争，应该是你追我赶式的正常竞争，而不是拉别人的腿、拆别人的台的竞争。

一些人的嫉妒，其重要原因就是不求上进，又不能容忍别人超过自己，似乎别人的成功就意味着自己的失败。我吃糠咽菜，你就不能吃大米白面，哪个敢吃，就群起而攻之。于是"事修而谤兴，德高而毁来"。正如韩愈所说："怠者不能修，而忌者畏人修。"

好嫉妒者是不能处理好与同事的关系的，因为容易眼红、生事，也没人愿与之交往。正如荀子所说："士有妒友，则贤交不亲；君有妒臣，则贤人不至。"

与同事相处，不要嫉妒同事的长进、成功。但反过来被别人嫉妒了又怎么办？

首先向你道喜，因为你如果不是有几分才气，谁会嫉妒你？如果没有吸引人的魅力，谁会嫉妒你？如果什么事都干不成，谁会嫉妒你？瞧你不起还来不及呢。

被别人嫉妒，是你有本事，"能遭天磨是铁汉，不为人嫉乃庸才"。如果没人嫉妒你，那你可是太平庸了。

其次是你大可不必斤斤计较，要吸收别人嫉妒中的合理因素和有利成分。如剧作家周振天所说："不必怨恨嘲讽与嫉妒，它的每一次到来，都是前进的动力。"要正确地对待别人、对待自己，发现自己的"白璧微瑕"，加以完善，转化为前进的动力。

对于一些毫无根由的嫉妒，大可不必理会。这一点我们要向著名民主人士黄炎培老先生学习。黄炎培，字任之，"他在解释为何取这个字时，说："这有两重意思。其一是对自己该做的事、对国家该负的责任，坚决勇敢地担负起来，任之。其二是对无所谓的事、无聊的流言等等，不管它，由它去，任之。这是对待同事嫉妒有效的态度。"

总之，嫉妒别人就是在折磨自己，和自己过不去，如果你只知道在比较后嫉妒别人，那你就会被人远远抛在后面，但如果你能真心欣赏别人的进步，并虚心向对方学习，取长补短，那你就有机会迎头赶上，甚至取得更大的成就。

让"黑状"无用武之地

工作中，同事之间难免会出现一些矛盾，如果你不幸得罪的是"小人"之辈，那你就要当心了，说不定什么时候他就会在领导面前告你的"黑状"。

在单位中，"黑状"都是告给领导听的，如果领导英明机敏，那这种"黑状"也起不到多大作用，但如果领导是个易信人言的人，"黑状"就会给你带来严重的威胁。

那么，怎样才能将"黑状"带来的危害降至最低呢？你不妨试试下面这几招：

（1）先发制人

一般而言，那些散布流言蜚语告"黑状"的人，为了使自己编造的谣言发挥陷害人的功效，总是要研究人们的心理。他们这些人在陷害人的实践中，也逐渐"摸索"到这样一个规律，即：从总体来说，人们往往对第一印象来得深刻，一经形成，常常会积淀为一种思维上的定式。比如说，经理对李四并没有什么特别的印象，既没有好感，也没有恶感。

如果在这时，有人对他说李四其人是如何品行不轨、道德败坏等等，那么，即使他对于该人的话并不言听计从，可是，在内心深处却着实地对李四的人品如何打了个大大的问号，心理上也对其呈现出恶感的苗头；及至李四自己或者另外的人再为之辩白，说那些攻击李四品行的话语纯系无中生有、颠倒黑白，这时，已经大大落后了。因为这些观点同前面形成的第一印象发生了冲突，所以，很难入脑；除非这个后来的印象特别强烈，或是不断地进行多次重复，才有可能改变或是冲淡先前的第一印象。

那些善于制造"黑状"的人正是抓住人们的思维和心理上的这一特点，想方设法地做到捷足先登、先发制人。而被"暗箭"伤害的人往往由于疏于防范，棋输后手，所以大多处于辩诬的不利地位，有些人甚至连辩解的机会都不可得，白白地被人坑了一下。

我们知道，先发制人的厉害，在于告黑状的人抢了先手。但是，如果是有可能被诬陷的人事先采取措施，积极进行自我保护，或者是一闻风吹草动，就积极行动起来，自己抢夺了先手，局势岂不完全改观了吗？所以，对于防范和反击"黑状"的每个人来说，要做到克敌制胜，就不能总是"棋行后手"，也应该积极地行动起来，在那些打小报告的恶人告"黑状"之前，抢夺先机，从而击败流言蜚语对自己的造谣和诬蔑。

汉景帝时，晁错为内史，很受景帝信用，提出过许多革新的建议。丞相申屠嘉因为晁错的建议触犯了他的利益，一直在伺机构陷。晁错的府第在太上皇本庙外空地上的短墙里，出入很是不便，于是晁错在矮墙南面开了个门，申屠嘉借此大做文章，状告晁错凿庙墙为门，奏请杀头。晁错听到申屠嘉的图谋后，赶到申屠嘉之前，将真实情况报告了景帝。

所以待到申屠嘉告状时，汉景帝只轻描淡写地说了一句"不是庙墙，是庙外空地上的短墙"，便否决了申屠嘉的小报告。申屠嘉回家后大发脾气，说："我应当赶在他的前面，他赶前了，我反而被他卖了。"晁错的机警使他躲过了一次谗言的灾祸。

（2）针锋相对

采取"针锋相对"的对策防范和反击"黑状"最为关键之处是选准目标，并且针对滋事生非的奸人的逆行，采取公开论战的方法，对其所散播的流言蜚语进行大胆揭露和坚决批驳，贬斥其所做的这种卑劣行为。这就要求：

首先，主动出击，把所发生的事情的原委详细客观地公布给大家，使人们对此都有一定知晓。

其次，与告"黑状"的奸人进行公开论战，把客观事实与那些偷偷摸摸上报的"黑材料"以及背后的各种不实之词等都摆到桌面上来。

再次，帮助和引导人们把正确的客观事实与"黑材料"相互对比、推敲，进行参照。

这样一来，那些所谓某些人所提供的"材料"、"报告"、"证明"和"肺腑之言"等等的真假虚实也就昭然若揭了。

（3）利用第三者

利用第三者来对付小报告，可以给人们一种真实可靠的印象。

汉武帝是个能干的皇帝，但到晚年，也变得糊涂起来。他任用一个名叫江充的无赖，江充为了自己的私利，制造了一起起冤假错案，最后冤案竟做到了太子头上，说太子诅咒武帝，并在太子房中挖出了事先安置的木偶。太子说不清楚，恼恨江充，便把江充杀了，但自己也只好逃亡在外。

汉武帝晚年疑心病极重，以为周围的人都要害他。江充利用了这一点，诬陷太子，在这种情况下，要当事人自己去辩诬，已无可能。这时，有一个叫令狐茂的山西上党人，上书汉武帝指出太子无辜、江充奸诈，并举出历史上种种事例，希望汉武帝不要听信谗言。这样，才使汉武帝有所觉悟。不过，那时太子已被追捕的人杀害了。

如果没有比较超脱的旁观者勇敢地介入，江充的谗言是很难被拆穿的。

俗话说："身正不怕影子歪。"如果为人办事都做到襟怀坦荡、正直无私，不给小人以把柄，那么小人想告"黑状"也无从告起，自然也就避免了祸患的发生。

办公室里的十大忌

同在一个办公室里，有人能和同事打成一片，有人却孤孤单单，除了重大问题上的矛盾和直接的利害冲突外，平时不注意自己的言行细节也是一个原因，下面这些言行是办公室中应避忌的，检查一下你自己是否疏忽了！

（1）好事不通报

陆群的表姐是管后勤的，所以单位里有什么好事，比如发几箱水果了、组织看电影了，陆群总能最先得到消息，自然他每次都能领到最好的。但不知出于什么想法，有好事时陆群从来不向大家通报，大家自然也就离他远远的。现在看到陆群一个人行动时，同事就会冷笑着说："瞧！不知道又有什么好事了！"

单位里发物品、领奖金等，你先知道了，或者已经领了，一声不响地坐在那里，像没事儿似的，从不向大家通报一下，有些东西是可以代领的，也从不帮人领一下。这样几次下来，别人自然会有想法，觉得你太不合群，缺乏共同意识和协作精神。以后他们有事先知道了，或有东西先领了，也就有可能不告诉你。如此下去，彼此的关系就不会和谐了。

（2）明知而推说不知

同事出差去了，或者临时出去一会儿，这时正好有人来找他，或者正好有他的电话，如果同事走时没告诉你，但你知道，你不妨告诉他们；如果你确实不知，那不妨问问别人，然后再告诉对方，以显示自己的热情。明明知道，而你却说不知道，一旦被人知晓，那彼此的关系就势必会受到影响。外人找同事，不管情况怎样，都要真诚和热情，这样，即使没有起实际作用，外人也会觉得你们的同事关系很好。

（3）进出不互相告知

你有事要外出一会儿，或者请假不上班，虽然批准请假的是领导，但你最好要同办公室里的同事说一声。即使你临时出去半个小时，也要与同事打个招呼。这样，倘若领导或熟人来找，也可以让同事有个交代。如果你什么也不愿说，进进出出神秘兮兮的，有时正好有要紧的事，人家就没法说了，有时也会懒得说，受到影响的恐怕还是你自己。互相告知，既是共同工作的需要，也是联络感情的需要，它表明双方互有的尊重与信任。

（4）不说可以说的私事

有些私事不能说，但另外一些私事说说也没有什么坏处，比如你的男朋友或女朋友的工作单位、工种、学历、年龄及性格脾气等；如果你结了婚，有了孩子，有关爱人和孩子方面的话题，在工作之余，都可以顺便聊聊，它可以增进了解、加深感情。倘若这些内容都保密，从来不肯与别人说，这怎么能算同事呢？无话不说，通常表明感情之深；有话不说，自然表明人际距离的疏远。你主动跟别人说些私事，别人也会向你说，有时还可以互相帮帮忙。你什么也不说，什么也不让人知道，人家怎么信任你？信任是建立在相互了解的基础之上的。

（5）有事不肯向同事求助

轻易不求人，这是对的，因为求人总会给别人带来麻烦。但任何事情都是辩证的，有时求助别人反而能表明你的信赖，能融洽关系、加深感情。比如你身体不好，你同事的爱人是医生，你不认识，但你可以通过同事的介绍去找，以便诊得快点、诊得细点。倘若你偏不肯求助，同事知道了，反而会觉得你不信任人家。你不愿求人家，人家也就不好意思求你；你怕人家麻烦，人家就以为你也很怕麻烦。良好的人际关系是以互相帮助为前提的。因此，求助他人，在一般情况下是可以的。当然，要讲究分寸，尽量不要使人家为难。

（6）拒绝同事的"小吃"

同事带点水果、瓜子、糖之类的零食到办公室，休息时间，你就不要推，不要以为吃人家的东西难为情而一概拒绝。有时，同事中有人获了奖或评上职称什么的，大家高兴，要他买点东西请客，这也是很正常的，对此，你可以积极参与，不要冷冷地坐在旁边一声不吭，更不要人家给你，你却一口回绝，表现出一副不屑为伍或不稀罕的神态。人家热情分送，你却每每冷拒，时间一长，人家有理由说你清高和傲慢，觉得你难以相处。

（7）喜欢嘴巴上占便宜

在同事相处中，有些人总想在嘴巴上占便宜。有些人喜欢说别人的笑话，讨人家的便宜，虽是玩笑，也绝不肯以自己吃亏而告终；有些人喜欢争辩，有理要争理，没理也要争三分；有些人不论国家大事，还是日常生活小事，一见对方有破绽，就死死抓住不放，非要让对方败下阵来不可；有些人对本来就争论不清的问题也想要争个水落石出；有些人常常主动出击，人家不说他，他总是先说人家……这种喜欢在嘴巴上占便宜的人，实际上是很愚蠢的。他给人的感觉是太好胜，锋芒太露，难以合作。因此，讲笑话、开玩笑，有时不妨吃点亏，以示厚道。你什么都想占便宜，想表现得比别人聪明，最后往往是人家对你敬而远之，没人说你好。

（8）神经过于敏感

有些人警觉性很高，对同事也时时处于提防状态，一见人家在议论，就疑心在说他；有些人喜欢把别人往坏处想，动不动就把别人的言行与自己联系起来；有些人想象力太丰富，人家随便说了一句，根本无心，他却听出了丰富的内涵。过于敏感其实是一种自我折磨，一种心理煎熬，一种自己对自己的苛刻。同事间，有时还是麻木一点为好。神经过于敏感的人，关系肯定搞不好。过分的敏感，就像天平，米多了一粒，就马上显出重了；米少了一粒，就马上显出轻了。如此灵敏的东西，多么难以操作！人与人也相同，你太敏感，人家就会觉得无法相处。

（9）该做的杂务不做

几个人同在一个办公室，每天总有些杂务，如打开水、扫地、擦门窗、夹报纸等，这些虽都是小事，但也要积极去做。如果同事的年纪比你大，你不妨主动多做些。懒惰是人人厌恶的，如果你从来不打开水，可每天都要喝，报纸从来不夹，可每天都争着看，久而久之，人家对你就不会有好感。如果你自己的房间收拾得非常干净，可在办公室里却从不扫地，那么人家就会说你比较自私。几个同事在一起，就是一个小集体，集体的事，要靠集体来做，你不做，就或多或少有点不合群了。

（10）领导面前献殷勤

对单位的领导要尊重，对领导正确的指令要认真执行，这都是对的。但不要在领导面前献殷勤、溜须拍马。有些人工作上敷衍塞责，或者根本没本事，一见领导来了，就让座、倒茶、递烟，甚至公开吹捧，以讨领导的欢心。这种行为，虽然与同事没有直接的利害关系，但正直的同事都是很反感的。他们会在心里瞧不起你，不想与你合作，有的还会对你嗤之以鼻。如果你的上司确实优秀，你真心诚意佩服他，那就应该表现得含蓄点，最好体现在具体工作上。有些人经常瞒着同事向上司反映问题，而这些问题往往是同事们平时在办公室里谈论的。这实际上是一种变相的献殷勤，同事得知后，也极其厌恶。

"千里之堤，溃于蚁穴"，一些小细节看起来不起眼，却可能对人际关系产生重大影响，不注意纠正的话，你就会成为办公室里不受欢迎的人。

维持八小时的友谊

与同事相处千万要拿捏好"距离"，太远了人家会认为你不合群、孤僻，太近了人家又会说闲话，而且也容易让上司误解，认定你在搞小圈子，所以只有不远不近的同事关系才是最理想的。

有人认为"好朋友最好不要在工作上合作"，有一定道理。

一天，公司来了一位新同事，他不是别人，正是你的好友，而且，他将会成为你的搭档。上司将他交托与你，你首要做的是向他介绍公司分工和其他制度。这时候，不宜跟他拍肩膀，以免惹来闲言闲语。

大前提是公私分明，在公司里，他是你的搭档，你俩必须忠诚合作，才可以制造良好的工作效果。

私底下，你俩十分了解对方，也很关心对方，但这些表现最好在下班后再表达吧，跟往常一样，你俩可以联袂去逛街、闲谈、买东西、打球，完全没有分别，只是，奉劝你一句，闲暇时，以少提公事为妙。

当一位旧同事吃回头草、重返公司工作时，你有必要注意自己的态度。因为旧人对你和公司都有一定的了解，即是说他并不需要时间去适应。

你得清楚，这位仁兄以前的职级如何？与你的关系怎样？他的作风属哪类型？如今重返旧巢，他的地位会改变吗？

此君若以前与你共过事，请不要在人前人后或他面前主动再提以往的事，就当是新同事合作吧，避免大家尴尬。要是他过去与你不相干，如今却成了搭档，不妨向对他有些了解的同事查问一下他以往的历史，但要装作轻描淡写，不留痕迹。

某位同事生性暴躁，常因小事就"唠叨"不已，虽事后他不会把事情放在心上，但事前的粗声粗气或过烈反应，却叫你闷闷不乐。

暗自纳闷，只会害苦了自己，何不想个改善之法呢？须知道，同事相见的时间往往比家人还多，经常如鲠在喉，太难挨了吧，恐怕间接还会影响工作情绪。

对付这些脾气刚烈之人，最佳办法是以静制动。然而，不要误会，并非采取凡事"忍耐"的策略，相反，却是积极和主动。

细想一下，有同感的肯定不只你一个人，所以不妨就由对方猛烈诉说下去，你却处之泰然，保持缄默。即使有其他同事表示不平，你也坚守原则。直至事情明朗化，对方的态度平和下来，你再摆出明白事理的态度来，细心将事情分析，如此，你必能打败对方。

只有和同事们保持合适距离，才能成为一个真正受欢迎的人。你应当学会体谅别人。不论职位高低，每个人都有自己的工作范围和责任，所以在权力上，切莫喧宾夺主。不过记着永不说"这不是我分内事"这类的话，过于泾渭分明，只会搞坏同事间的关系。在筹备一个任务前，谦虚地问上司："我们希望得到些什么？""要任务顺利完成，我们应该在固有条件下做些什么？"

也永不道人长短。比较小气和好奇心重的人，聚在一起就难免说东家长、西家短，成熟的你切忌加入他们一伙。偶尔批评或调笑一些公司以外的人，倒是无伤大雅，但对同事的弱点或私事，保持缄默才是聪明的做法。记着，搞小圈子，有害无益。公私分明亦是重要的一点。同事众多，总有一两个跟你特别投机，私底下成了好朋友也说不定。但无论你职位比他高或低，都不能因为要好这原因，而偏袒或恃势。一个公私不分的人，是做不了大事的，更何况，老板们对这类人最讨厌，认为不能信赖。所以你应该知道取舍。好同事不等于好朋友，你应该随时提醒自己这一点。同事关系好，就把你们的友谊留在八小时之内吧，下了班后还是不要侵入别人的私人空间，与同事建立起良好的友谊很好，但也要注意火候，太"热"了也不是一件好事。

第十章

办公室社交潜规则

——掌握人际关系的分寸

社交要讲技巧，但这些技巧应该以遵循社交规则为前提。社交场合有很多规则，这些规则没有成文的宣示，也没有人以之强迫你，可以称得上是社交潜规则，它需要你在社交过程中去慢慢学习、领悟。

不能忽略面子问题

每个人都爱面子，一些人甚至把面子看得比生命还要重要，一旦伤了人家的面子，可能就会给自己留下无穷后患，因此任何时候都要注意保全别人的面子。

经过几个世纪的敌对之后，1922 年，土耳其决心把希腊人逐出自己的领土。穆斯塔法·凯墨尔对他的士兵发表了一篇拿破仑式的演说，他说："不停地进攻，你们的目的地是地中海。"于是，近代史上最惨烈的一场战争展开了，土耳其最终获胜。

当希腊的迪利科皮斯和迪欧尼斯两位将军前往凯墨尔的总部投降时，土耳其士兵对他们大声辱骂。但凯墨尔却丝毫没有显示出胜利的骄气。他握住他们的手说："请坐，两位先生，你们一定走累了。两位先生，战争中有许多偶然情况，有时最优秀的军人也会打败仗。"

凯墨尔即使在全面胜利的兴奋中，为了长远利益，仍然牢记着这条重要的信条——让别人保住面子。

古训有云："己所不欲，勿施于人。"可我们往往忽略了这一点。我们常常无情地剥掉别人的面子，伤害别人的自尊心，抹杀别人的感情，却又自以为是。我们在他人面前呵斥别人——下属或者孩子，找差错、挑毛病，甚至进行粗暴的威胁，却很少设身处地地为他们着想。考虑别人的自尊心在任何情况下，都要让对方下得了台阶。

罗宾森教授曾说过一段富有启示性的话："人，有时会很自然地改变自己的想法，但是如果有人说他错了，他就会恼火，更加固执己见。人，有时会毫无根据地形成自己的想法，那反而会使他全心全意地去维护自己的想法。不是那想法本身多么珍贵，而是他的自尊心受到了威胁……"

人人都有自尊心，小人物，甚至更强烈。当一个人一无所有时，自尊心便是需要固守的最后领地。没有人愿意别人漠视自己作为一个人的存在。有时，人们为了维护自尊，甚至会坚持错误，不可理喻。

有一次，张女士花不低的价钱买了一件衬衫，回家试穿了一下，感觉很不舒服，大概是布料的原因。没过几天，一位朋友来看她，看了她的衣服，大呼："你上当了，这种料子穿到身上发板、发硬，特别不舒服，而且还容易褪色，送给我都不愿穿，你还花那么高的价钱买它。"

张女士吃亏了吗？是的。可是，朋友的话虽然在理，张女士听起来却特别刺耳，似乎在贬低张女士的眼光。张女士莫名其妙地开始为自己的面子辩护了："虽然有点硬，不过穿到身上挺有形的，我还是比较满意……"

第二天，另一位朋友也来拜访张女士。她称赞张女士身上的衬衫很漂亮，还问张女士在哪里买的，说也要买一件。这时，张女士反应就完全不一样了："说实话，这衣服挺贵的，而且穿在身上不舒服，有点板、有点硬，而且还退色，我正后悔不该买它呢！"这时，张女士甚至为自己的坦白直率而自豪起来。

可见，如果对方处理得巧妙而且和善可亲，我们也会承认自己的错误。但是，如果把难以下咽的事实硬塞进我们的食道里，结果就适得其反了。

保全别人的面子，是我们通向成功的一条宽广之路。面对别人的过失或窘境，一个蔑视的眼神、一种不满的腔调、一个不耐烦的手势，都可能带来难堪的后果。如果我们当面驳斥一个人，他会同意我们的观点吗？绝对不会！因为我们否定了他的智慧和判断力，打击了他的自尊心，同时还伤害了他的感情。他非但不会同意我们的观点，还要进行反击。如果我们认识不到这一点，常常以一种"坚持真理"的姿态去伤害别人的自尊心，就会使我们的生活处处碰壁，人生的旅途就很容易拐进死胡同。在人际交往中，平等对待别人、尊重别人，才是"真理"。除此之外，只有冲突和调和，没有真理。

本杰明·富兰克林在自传中写道："我立下一条规矩，决不正面反对别人的意见，也不让自己武断。我甚至不准自己在文字上或语言上持过分肯定的意见。我决不用'当然'、'无疑'这类词，而是用'我想'、'我假设'、'我想象'。当有人向我陈述一件我所不以为然的事情时，我决不立刻驳斥他，或立即指出他的错误；我会在回答的时候，表示在某些情况下他的意见没有错，但目前看来好像稍有不同。我很快就看见了收获。凡是我参与的谈话，气氛变得融洽多了。我以谦虚的态度表达自己的意见，不但容易被人接受，冲突也减少了。我最初这么做时，确实感到困难，但久而久之就养成了习惯。使我提出的新法案能够得到同胞的重视。尽管我不善于辞令，更谈不上雄辩，遣词用字也很迟钝，有时还会说错话，但一般来说，我的意见还是得到了广泛的支持。"

"打人不打脸，说人不说短"，如果你能记着给人留面子，那你脚下的路一定会更好走，你的人缘也会越来越好。

做个正确化解社交冷遇的聪明人

社交中受到冷遇很常见，但如果你不懂得化解冷遇，就会使社交受到极大影响。拂袖而去或纠缠不休都不是办法，真正的聪明人要能根据受到冷遇的不同情况来做出不同反应。

冷遇无非分为以下三种情况：

一是自感性冷遇，即自我估计过高，对方未使自己满意而感到冷落。

二是无意性冷遇，即对方考虑不周，顾此失彼，使人受冷落。

三是蓄意性冷遇，即对方存心怠慢，使人难堪。

当你被冷落时，要区别情况，弄清原因，再采取适当的对策。对于自感性冷遇，自己应多做自我反省，实事求是地看待彼此关系，避免猜度人和嫉恨人。

常常有这种情况，在交际赴会之前，自以为对方会热情接待，可是到现场却发觉，对方并没有这样做，而是采取了低调。这时，心里就容易产生一种失落感。

其实，这种冷遇是对彼此关系估计过高、期望太大而形成的。这种冷遇是"假"冷遇，非"真"冷遇。如遇到这种情况，应重新审视自己的期望值，使之适应彼此关系的客观水平。这样就会使自己的心理恢复平静，心安理得，除去不必要的烦恼。

老吴到多年不见面的一个老战友家去探望。这位老战友如今已是商界的实力人物，每天造访他的人很多，感到很疲劳，大有应接不暇之感。因此，对一般关系的客人，一律不冷不热地接待。

老吴以为会受到热情款待，不料遇到的是不冷不热的接待，心里顿时有一种被轻慢的感觉，认为此人太不够朋友，小坐片刻便借故离去。他怨气冲天，决心再不与之交往。后来才知道，这是此人在家待客的方式，并非针对哪个人。他再一想，自己并未与人家有过深交，自感冷落，不过是自作多情罢了。于是采取主动姿态与之交往，反而加深了了解，促进了友谊。

对于无意性冷遇，应理解和宽容。在交际场上，有时人多，主人难免招待不周，特别是各类、各层次人员同席时，出现顾此失彼的情形是常见的。这时，照顾不到的人就会产生被冷落的感觉。

当你遇到这种情况，千万不要责怪对方，更不应拂袖而去，而应设身处地为对方着想，给予充分理解和体谅。

比如，有位司机开车送人去做客，主人热情地把客人迎了进去，却把司机冷落在门口。开始司机有些生气，但转念一想，在这样闹哄哄的场合下，主人疏忽是难免的，并不是有意看低自己、冷落自己。这样一想气也就消了。

等主人突然想起司机时，他已经吃了饭且又把车停在门外了。主人感到过意不去，一再道歉。见状，司机连说自己不习惯大场合，又不能喝酒。这种大度和为主人着想的态度使主人很感动，事后，主人又专门请司机来做客，从此两人关系不但没受影响，反而更密切了。

这种和善的态度引起的震撼，会比责备强烈得多，同时还能感召对方改变态度，用实际行动纠正过失，使彼此关系更加和谐。

对于有意性冷遇，也要具体情况具体分析，给予恰当处理。一般来说，当众给来宾冷遇是一种不礼貌行为，而有意给人冷落那就是思想意识问题了。在这种情况下，予以必要的回击，既是自尊的需要，也是刺激对方、批判错误的正当行为。当然，回击并不一定非得是动手动脚、大吵大闹不可，理智地回敬是最理想的方法。

有这样一个例子：一天，纳斯列金穿着旧衣服去参加宴会。他走进门后，没人理睬他，更没人给他安排座位。于是，他回到家里，把最好的衣服穿起来，又来到宴会上。这一次主人马上走过来迎接他，安排了一个好位子为他摆上了最好的菜。

纳斯列金把他的外套脱下来，放在餐桌上说："'外衣'，吃吧。"

主人感到奇怪，问："你干什么？"

他答道："我在招待我的外衣吃东西。我穿旧衣服来时，没人理睬我，换了新衣服后，立刻被奉为上宾，你们的酒和菜不是给衣服吃的吗？"

主人的脸唰地红了。纳斯列金巧妙地把窘迫还给了冷落他的主人。

还有一种方式，就是对有意冷落自己的行为持满不在乎的态度，以此自我解脱。有时候，对方冷落你是为了激怒你，使你远离他，而远离又不是你的意愿和选择。这时，聪明的人会采取不在意的态度，"厚脸皮"地面对冷落，我行我素，以热服冷，以有礼对无礼，从而使对方改变态度。

冷遇确实令人感到尴尬，但却是在社交中每个人都会遇到的事情，所以你必须学会化解它，这样你才能适应各种社交环境。

别忽视重要人物旁边的小人物

古人说"爱屋及乌"，这就是在告诉你，与一位重要人物交往时，也别忽视了他周围的人与物，不管那些人与物的地位有多低，你也都要照顾好，不然就会吃大亏。

举个例子来说，一些人对所养的宠物百般呵护，即使不是良种也依旧视为至宝。对待宠物就像在疼爱子女，满怀耐心与爱心地为它们洗澡，带它们出外溜达，这种情感不是外人能体会的。

所以，只要你明了这点，便会懂得在与人交往时，对象绝非仅仅是一个人。即使你心中暗想"它只不过是一条狗"，也不可对主人宠爱的家犬敷衍，尤其拜访上司的府舍时，更务必牢记与上司饲养的动物打声招呼，否则会产生你意想不到的惨痛后果。

有一位剧团里的丑角演员，他曾经因为不了解这点的重要性而犯了大错误。

他老师的家中，饲养了一只可爱又娇小的京巴，不知为何缘故，每当他到老师府舍拜访时，这只京巴狗总是怀着恶意对他狂吠，因此他对这条狗产生反感，就在某次老师家中无人时，他将这只狗带至郊外，一面指着狗怒骂"你这只可恶的长毛东西",一面对其拳打脚踢,把平日所积压的不快一股脑儿地全发泄出来。

演员背后的辛酸总是不为人知,也许是因为平日在幕后受到太多的压抑,才会把宠物狗当做出气筒。

那只狗自从殴打事件后,对他更是怀有敌意,尔后每当他一来造访,总是狂吠不停,直至他离去为止。

对狗深爱有加的师母,觉得事态不对,便询问他:"你对我家的小狗做了些什么事?"他心中暗想"它只不过是一条狗",也就一五一十坦白地述说原委。不消说,他倒大霉了。等到他明了"虽然它只是一条狗,却是一只有来头的狗"时,事态已经无可挽回。

昔日赞叹他有才干、懂进退的老师和师母,自从发生了这件虐待动物的事件后,便认为他是"伪君子",对他的印象也大为扭转。

以业务员来说,一个优秀的业务员必须得到客户公司女职员(服务台小姐或秘书小姐)的好评,才可能进一步地获得期望的目标。至于想拥有这些女孩的好感并不困难,你不妨对她们说些切身之事,如"你的发型变了!"或"你今天不舒服吗?怎么看起来无精打采?"之类令人听完之后感到颇为温馨的言语,倘若有机会,最好还能在适当的时机送份小礼物,做真心实意地交流。

这种思虑周密、费神用心的态度,就是你受众人欢迎的一大秘诀。当然,你必须知道适可而止,否则会让她们产生"对自己有特殊好感"的误会。更重要的是,要对所有的女性一视同仁,决不可仅限于某些人。

在交际中,千万不要犯"打狗不看主人"的错误,你应该随时提醒自己这一点,爱屋及乌。

特定场合要有应付变数的妙招

孔子云：不预先猜测他人要蒙蔽自己，也不无端怀疑他人不老实，但遇到不老实的人或欺伪不实之事，却能及早觉察，如此才算得上是贤明之人。社交场合，不善猜忌他人之人，往往被他人所猜忌；惯于猜忌他人行为不轨的人，又往往是以小人之心度君子之腹。

刘备处在低谷时期，只有暂时投向走红运的曹操。而他暗地又参与了灭曹的组织，只好装痴，将自己的计划隐藏到深处，屈做一菜农，不然稍稍露出蛛丝马迹，就会遭杀身之祸。曹操击败吕布，夺取了徐州，刘备因自己势单力薄，只好隐藏下自己大展宏图的夙愿，暂时依附于曹操。曹操原本对刘备不放心，消灭吕布后，让车胄镇守徐州，把刘、关、张一同带回许都。既然归顺于他，也就得给些甜头，于是曹操带刘备进见献帝，论起辈分，刘备还是献帝的叔叔，所以后来人家叫他"刘皇叔"。

刘备原来就是豫州牧，这次曹操又荐举他当上了左将军。曹操为了拉拢刘备，对他厚礼相待，出门时同车而行，在府中同席而坐。一般人受到如此的礼遇，应该高兴，刘备却恰恰相反。曹操越看重他，他越害怕，怕曹操知道自己胸怀大志而容不下他，更怕"衣带诏"东窗事发。

原来，献帝想摆脱曹操的控制，写了一道讨灭曹操的诏书，让董承的女儿董贵人缝在一条衣带中，连一件锦袍一起赐给董承。董承得到这"衣带诏"，就联合了吴子兰、王服和刘备结成灭曹的联盟。因此事关系重大，一点儿风声也不能透漏。

于是，刘备装起糊涂，在后花园种起菜来，连关羽、张飞都摸不透大哥为什么变得这么窝囊。一天，刘备正在后园浇水种菜，许褚、张辽未经通报就闯进后园，说曹操有请，马上就去。

当时关羽、张飞正对刘备那种悠闲自得的行为不满，一块儿出城练习射箭去了。刘备只得孤身一人去见曹操，刘备心中忐忑不安：难道董承之谋露了馅！因为心里有鬼，所以越发紧张。

曹操见了他，劈头就是一句："您在家里干的好事呀！"

刘备觉得脸上的肉都僵了，两条腿直发抖，吓得一时说不出话来。幸好曹操长叹了一口气后，又冒出一句："种菜也不是一件容易的事呀！"

刘备这才知道曹操所说的"好事"不是指谋反，提到嗓子眼的那颗心才暂时放了下来。

曹操拉着刘备的手，一直走到后花园。曹操指着园中尚未成熟的青梅果子，对刘备讲起前不久征讨张绣时发生的"望梅止渴"的故事来："征途中酷暑难忍，将士们口干舌燥，我就用马鞭遥指着前方一片树林说，前边有一片梅林，梅果青青，可以止渴了。将士们一听'梅果青青'，不觉人人牙酸流涎，嗓子一时竟不觉渴。今天，我看到这后园的青梅，不由得想起旧事，特地请您来赏梅饮酒。"

刘备此时仍是惊魂未定，虽是心不在焉，却还是故作认真地听着。6月的天，孩儿的脸，说变就变。刚才还是大晴的天空，现在却涌起团团乌云，急风吹得梅树刷刷地响，常言"风是雨的头"，曹操忙拉上刘备躲到小亭子里。刘备这才发现，亭中已经备好一盘青梅果，一壶刚刚煮好的酒，知道是曹操早有准备。

二人对面坐下，开怀畅饮，天南地北闲聊起来。曹操为什么单单要请刘备来喝酒呢？原来他也是想趁酒后话多的时候，探测刘备的真心，看他是不是也像自己一样，有不甘人下、称王称霸的雄心。

当酒喝得正来劲的时候，曹操发话了："玄德，您久历四方，见多识广，请问，谁称得上是当今的英雄？"

刘备没有提防曹操突然谈这个主题，一时不知他葫芦里卖的什么药，只好搪塞道："我哪配谈论英雄呢？"

可是曹操抓住这个话题不放，又补充一句："即使不认识，也听别人说过吧！"

刘备见曹操决意要自己说个究竟，心里已对曹操的用意猜出八九分。于是开始装糊涂了，他略一思索说："淮南的袁术，已经称帝，可以算作英雄吧！"

曹操一笑说："他呀，不过是坟中的枯骨，我这就要消灭他！"

刘备又说："河北的袁绍，出身高贵，门生故吏满天下，现在盘踞四个州，谋士多，武将勇，可以算作英雄吧！"

曹操又笑了笑说："袁绍外表很厉害，胆子却很小；虽然善于谋划，关键时刻却犹豫不决。这种干大事怕危险、见小利不要命的人，可算不得英雄。"

刘备又说："刘表坐镇荆州，被列为'八俊'之首，可以算作英雄吧！"

曹操不屑地说："刘表徒有虚名而已，也不能算英雄！"

刘备接着说："孙策血气方刚，已经成为江东领袖，是英雄吧！"

曹操摇摇头说："孙策是凭借他父亲孙坚的名望，算不得英雄。"

刘备又说："那益州的刘璋能算英雄吗？"

曹操摆摆手说："刘璋只仗着自己是汉家宗室，不过是个看家狗罢了，怎么配称英雄呢？"

刘备见这些割据一方的大军阀都不在曹操眼里，只得说："那么像汉中张鲁、西凉韩遂、马腾这些人呢？"

曹操一听刘备说出的尽是一些二流的名字，禁不住拍手大笑说："这些碌碌的小辈，何足挂齿呀！"

刘备只得摇摇头说："除了这些人，刘备我孤陋寡闻，可实在不知道还有谁配称英雄了。"

曹操停住笑声，盯着刘备说："英雄，就是要胸怀大志，腹有良谋。所谓大志，志在吞吐天地；所谓良谋，谋能包藏宇宙。"说罢，他仔细观察刘备的反应。

刘备佯装不知，故意问道："请问，谁能当得起这样的英雄呢？"

曹操用手指指刘备，又点点自己，神秘地说："现在称得起英雄的，只有你和我呀！"

一听这话，刘备不由得心中一震，吓得手一松，筷子掉到了地下。此时，恰巧闪电一亮牵出一串震耳欲聋的霹雳，轰隆隆炸得天都要裂了。刘备弯腰拾起筷子，缓缓地说："天威真是厉害，这雷声把我吓坏了。"

刘备正是利用临危应变瞒过了曹操的眼睛，为以后的奋起打下了基础。

怎样对待成功后遭受的无端攻击

身处社会中，偶尔遭到某些人的恶意攻击是不可避免的，但我们不能让这种攻击干扰了我们的心态和生活。

美国曾有一位年轻人，出身寒微，依靠自己的努力，在 30 岁时当上了全美有名的芝加哥大学的校长。这时各种攻击落到他的头上。有人对他的父亲说："看到报纸对你儿子地批评了吗？真令人震惊。"他父亲说："我看见了，真是尖酸刻薄。但是记住，没有人会踢一只死狗的。"

卡耐基很赞美这句话，他说：不错，而且愈是具有重要性的"狗"，人们踢起来愈感到心满意足。所以，当别人踢你，恶意地诋毁你时，那是因为他们想借此来提高自己的重要性。当你遭到诋毁时，通常意味着你已经获得成功，并且深受人注意。

恶意的批评通常是变相的恭维，因为没有人会踢一只死狗。

美国独立运动的奠基者、美国第一任总统华盛顿，也曾被人骂为"伪善者"、"骗子"、"比杀人凶手稍微好一点的人"。对于这些污蔑，华盛顿毫不在意，事实证明他是美国历史上最具影响力的人物。

明代人屠隆在《婆罗馆清言》中说：一个人要实现自己的理想，要找到真理，纵然历经千难万险，也不要后退。奋斗的过程中，要用坚强的意志来支撑自己，忍受一切可能遇到的屈辱，只要坚持下去，就能取得成功。艰难羞辱不但损害不了你人格的完整，还会使人们真正了解你人格的伟大。重要的是，在遭遇苦难侮辱时，把这一切都抛诸脑后，得一份清爽的心情。

屠隆的话告诫我们，当面临无耻之徒的恶意诋毁时，你的态度应该是置之不理。

有些人对那些无中生有的污蔑表现得异常激愤，甚至反唇相讥，其实那都是没有必要的。如果换一种角度来看，那些遭人诋毁的人反倒应觉得庆幸，因为正是你极具重要性，别人才会去关注、去议论、去污蔑。所以不要理会这些无聊的人，事实自会让流言不攻自破。

有位朋友对小仲马说："我在外面听到许多不利于你父亲大仲马的传言。"

小仲马摆出一副无所谓的样子回答："这种事情不必去管它。我的父亲很伟大，就像是一条波涛汹涌的大江。你想想看，如果有人对着江水小便，那根本无伤大雅，不是吗？"

听到别人的流言蜚语，再三客观地分析、判断之后，只要认为自己的做法合理、站得住脚，那么大可以坚持到底，不必妥协。

美国总统罗斯福的夫人艾丽诺曾受到许多攻讦，但她都能够泰然处之。她说："避免别人攻讦的唯一方法就是，你得像一只有价值的精美瓷器，有风度地静立在架子上。只要你觉得对的事，就去做——反正你做了有人批评，不做也会有人批评。"

林肯曾就那些刻薄的指责写过一段话，后来的英国首相丘吉尔把这段话裱挂在自己的书房里。林肯是这样说的："对于所有的攻击的言论，假如回答的时间大大超过研究的时间，我们恐怕要关门大吉了。我竭尽所能，做我认为最好的，而且我一定会持续直到终了。假如结局证明我是对的，那些反对的言论便不用计较；假如结局证明我是错的，那么，纵有 10 个天使替我辩护，也是枉然啊！"

其实，做人就应如此，益则收，害则弃。对于正确的批评，我们应该欢迎，哪怕言辞激烈或只有 1% 的正确。但对于纯属恶意的人身攻击、诽谤、诋毁、中伤，我们如果不想被它所害，那就只有不去理会，像鲁迅所说的，最高的轻蔑，是连眼珠子都不转过去。

不必太在意别人的攻击，事实会说话，时间会说话。何况别人攻击你，说明你至少有被人攻击的价值，所以先不要去反击，这样你反而会不战而胜。